扶贫攻坚

实战手册

王家华◎著

中国农业出版社

序　言 | Preface

决战2020，攻坚脱贫，今年是关键之年。对于各级政府和扶贫的各个企业来说，已是时不我待、刻不容缓。

扶贫是国家社会建设的战略工程，是涉及诸多领域诸多层面复杂因素的系统，非一蹴而就，既需要正确的政策引导，又需要创新的思维观念，更需要切实的实战方法，一个问题一个问题去攻克，方能立见成效又有利长远。

所以在这样一个关键时期，面对这样一项艰巨的战略任务，我们必须有勇气去探索，去总结我国几十年来的扶贫工作经验，挖掘成功的扶贫案例，以助力打赢脱贫攻坚战。基于此，本书结合笔者参与扶贫工作的具体实践，提出并阐释了包县脱贫的概念与内涵，并以案例的形式给各位读者呈现了可资参阅的扶贫方法。

《扶贫攻坚　实战手册》，是本具有实际指导意义的扶贫宝典，真心希望本书的一些理念和案例，对想要做产业扶贫和正在做产业扶贫的各位领导、企业家、志愿者以及爱心人士能够给予帮助和启迪。

王家华

2017年8月于北京

目　录 | Contents

第一章

推进组团包县，强化带贫成效

习近平总书记指出，我国扶贫开发工作已经进入“啃硬骨头、攻坚拔寨”的冲刺阶段，要动员和凝聚全社会力量广泛参与。李克强总理强调，当前扶贫已经进入新的攻坚期，要汇聚强大力量，努力啃下扶贫攻坚的“硬骨头”，勠力同心打赢这场硬仗。汪洋副总理也提出，要按照新时期要求，健全组织社会机制，营造“社会扶贫，人人皆愿为，人人皆可为，人人皆能为”的良好社会氛围。贯彻落实中央领导指示，决胜2020，实现全部贫困县摘帽、全部贫困人口脱贫，是别无选择的必胜任务。

我国的扶贫工作已历经几十年，不可否认取得了很大成绩，但也应客观看到，扶贫的效果还不尽如人意，还存在着扶贫理念不够科学、组织指导不够得力、扶贫成效较差等问题。解决这些问题，推进组团包县，强化带贫成效，成为重中之重。

第一节　组团包县的理性思考

组团包县是什么？为什么在决战2020的关键时刻要提出组团包县？采用组团包县的打法又有哪些好处？这是本节首先要向读者简要说明的问题。

一、什么是组团包县

组团包县，用一句话概括，就是产业组团、包县脱贫。它的基本内涵是：以贫困县为基本单位，结合贫困县的致贫因素和资源禀赋，有针对性地组合涵盖一、二、三产业的“产业集团”，与贫困县有效对接、集中发力，切实根除县域贫困，达成贫困人口脱贫。

产业组团，就是把参与贫困县扶贫的各个不同行业的企业组织起来，以一两个骨干企业为主体，其他企业为辅助，组成一个产业团队，对贫困县各种有效资源进行对接，企业选派精干力量与贫困县相关部门组成联合扶贫工作组，统一协调扶贫项目实施过程中的各种问题，从而有效降低产业扶贫管理成本。

包县脱贫，就是通过组团企业实现对扶贫县的产业全覆盖，利用当地资源实现产业优化组合，通过企业运作、种养加融合、购买公益劳务岗位等方式，使贫困县的整体收益增加，使建档立卡贫困户全部受益，从而达成贫困县摘帽、建档立卡贫困户脱贫。

理解和把握组团包县，基本方面有两个。

（一）抓住县，就抓住了要领

说抓住县就抓住了要领，主要有三层意思。

一是说抓住县就抓住了脱贫攻坚的基本枢纽。我们知道，县是我国的基本行政区划单位之一，设有相应的国家组织系统，赋予相应的国家职能权力。所以说，要打赢脱贫攻坚战，就要抓住县这个基本政权环节。抓住这个基本政权环节，就能在统御资源、调配力量、举措施策上，收得拢，撒得开，攻得下，站得住。中央明确要求，脱贫攻坚，要省、市、县、乡、村五级联动。在这五级中，县级居中环节，承上启下，是脱贫攻坚的关键环节。另外，国家的财政以及相关政策，也是对接到县一级。从现实情况看，省、市两级层次相对较高，在脱贫攻坚战中，主要是领会中央的脱贫攻坚政策，帮扶贫困县的脱贫攻坚工作。而乡、村两级，则层次相对较低，机构设置不健全，脱贫攻坚的领导力度明显不足，加之贫困地区乡、村交通阻塞，公共设施落后，信息较为闭塞，既无力筹划、无力组织，又无力协调、无力实施。所以，以贫困县为单位抓脱贫攻坚，就较为可行。

二是说抓住县就抓住了脱贫攻坚的基本面。国家对于贫困地区的统计，是以县为基本统计单位的，这样的区域统计，是合乎中国贫困地区实际的。不论是832个国家级贫困县，还是592个国家重点贫困县，都反映了一个区域特征的实际，尤其是少数民族地区和革命老区及边区，或者是一个相对独立的民族区域，或者是一个相对独立的地缘区域。因此，贫困县反映了贫困的区域状态。所以，抓脱贫攻坚，就必须以县为基本面，这样具有一个县域的整体性。正如国务院扶贫办刘永富主任强调的，坚持精准扶贫精准脱贫基本方略，就要围绕贫困人口脱贫、贫困县摘帽、解决区域性整体贫困这个中心任务。我们说，抓住县域扶贫脱贫，无论是基础设施的建设，还是贫瘠环境的改造，都具有相对的区域整体性，进而以区域的整体优化赢得扶贫的持久性，打赢脱贫攻坚战，返贫的可能性就会大为减少。如果是以乡、村为单位实施攻坚脱贫，就割裂了贫困县的贫困成因，不但脱贫效果差，而且可能会导致攻得下而占不住。

三是说抓住县就抓住了脱贫攻坚的基本方法。学习习近平总书记扶贫开发战略思想和党中央、国务院关于脱贫攻坚的系列文件精神可以看出，无论是脱贫攻坚的组织领导，还是金融财政，以及部署安排等，都是强调县的作用，所以说，抓住县，就与中央领导和国家的大政方针保持了一致。

总之，以贫困县为基本单位，组团包县打脱贫攻坚战，是符合主客观实际的。

（二）抓住产业，就抓住了根本

这主要是说，抓产业扶贫，是解决贫困地区脱贫的根本方法。

一是产业扶贫是扶贫的基本模式。我们说，扶贫的模式很多，但在扶贫的诸多模式中，从中央和国家的文件、各级领导的讲话以及扶贫的成功实践看，实施产业扶贫，是扶贫模式中的基本模式。之所以把产业扶贫作为扶贫的基本模式，是因为产业扶贫具有提升贫苦地区造血功能的作用。蔡家洼，是北京市密云区的一个花园式新型农村，现在人均年收入4万多元，真正实现了“两不愁三保障”的致富目标。然而这个村10年前却是一个人均年收入不足3 000元的低收入村，风化石的山地，传统农业的种植方法，致使村民收入微薄。这巨大的改变，皆是因为北京鑫记伟业集团与该村的村企共建。鑫记伟业集团是一家台湾企业，以农业产业见长，具有种植、加工、服务三产融合的成功经验，它们与蔡家洼村企共建，引入有机农作物产业种植，打造了豆制品、面制品、饮料和低碳能源加工企业，又以种植、加工的新环境开发了旅游业，形成了可再生资源的良性循环，从而使财富增长良性发展。

二是产业扶贫具有多业态的辐射性。一个适宜的产业在贫困县落地发展，通过产业扶贫的成功实施，就可以辐射到县域的方方面面业态，如改善产业结构、拉动就业、牵引教育、提高科技文化素质等。实施产业组团，包县推进，就能以强大的力量快速地对县域整体实施辐射，从而全面加速推动贫困县的整体脱贫。

三是产业扶贫有利于稳定脱贫。在产业组团的构建中，扶贫企业的组合是优化的，一、二、三产业，无论是构成的类别和数量比例，都是针对县域脱贫攻坚科学筹划的，是一个有切实针对性的企业集团组合，让企业的产业发展与贫困地区的优势资源有效对接，这样就可以有效提升贫困地区的自我发展能力，从根本上改善贫困地区的造血机能，从而真正解决贫困人口的脱贫问题。这样一旦脱贫，就打牢了脱贫基础。所以我们说，抓住产业扶贫，就抓住了扶贫的根本，达成脱贫的稳定性。

二、为什么提组团包县

提出产业组团、包县脱贫，主要是基于如下三个方面的研判。

（一）脱贫成效不尽如人意

组团包县，是在分析总结我国过去扶贫经验教训基础上提出的一种全新扶贫模式。我们研究认为，过去的扶贫模式较为单一，尽管参与者众，但都没有从根本上逃出“要么捐钱，要么捐物，要么捐学校”的怪圈，总体来讲，大多数只是解决了一些临时性困难或暂时问题，而没有从根本上解决“穷根”，带贫性比较差。

实话说，我国的扶贫工作，从中央到地方，各级政府、各级领导都投入了大量的精力、人力、物力、财力，包括社会广大的扶贫志愿者、热心人士，也都做出了积极的努力。但从脱贫的成效看，却不尽如人意。一是捐款、捐物伤了“两头”。被捐的人，心有酸楚，伤了自尊，助长了“等、靠、要”的依赖意识；捐助的人，心有疑虑，伤了元气，产生了没完没了的怨烦情绪。二是政府资助脱贫又返贫。多年来，各级政府在扶贫上投入了大量的资金，确实帮助了大量的贫困人口，解决了当时面临的困难和问题，有不少也一时脱了贫，但贫困人口的大多数并没有从根本上解除贫困，脱贫的贫困人口有的因种种原因又返贫。三是企业扶贫不得善终。在过去的扶贫中，有不少企业满腔热情进入贫困地区，建厂设点，但由于身单力薄，最终无果而返、心倦而退。造成这些问题的原因是多方面的，但主要的原因之一，我们认为是缺乏规模化的企业支撑，没有从产业的角度解决贫困人口、贫困地区的造血机能。所以，从根本上解决贫困，就要靠企业组团、包县脱贫。

（二）致贫因素需综合治理

贫困，是一个“复杂问题的复合体”，是由多种因素在特定时空条件下相互制约的结果。这种致贫因素大致包括三大类：一是自然环境因素，二是社会环境因素，三是贫困主体因素。这三种因素相互作用，相互影响，导致综合致贫。因此，要彻底根除贫困，就需要综合治理，而综合治理，发展产业就是一剂良方。但发展产业，从贫困地区的社会生态整体看，从贫困地区自然环境因素的综合性分析，就需要外域的优秀产业进入，而且要规模化、综合化，立足从贫困县的区域整体上发力用功，彻底改变致贫的自然环境因素、社会环境因素和贫困主体因素。而且，只有贫困县的区域自然环境、社会环境得到改善，贫困主体的个体致贫因素解决起来才会水到渠成。那么，要做到这一切，就要依据贫困县的区域实际，有针对性地实施产业组团包县脱贫。

（三）产业帮扶的有力探索

党的十八届五中全会提出，到2020年我国现行标准下农村贫困人口实现脱贫，贫困县全部摘帽，解决区域性整体贫困。学习理解中央的指示精神，联系社会企业界进行的产业帮扶实际，我们可以更加清楚地认识产业组团包县脱贫的可行性。下面列举万达集团、恒大集团帮扶贫困县的实例加以说明。

万达集团，帮扶贵州的丹寨县脱贫，他们总投入14亿元，主要投资开发旅游产业，以旅游产业改变县域的产业结构，同时配套建设丹寨职业技术学院，改善县域的教育环境，培养人才，提升智力，并建立了丹寨扶贫专项基金，为扶贫产业提供支持。这些项目在2017年建成投入运营后，将使丹寨县整体产业结构、社会生态发生巨大改变，可以说，将从基础上实现可持续发展，永久性摆脱贫困现状。

恒大集团，帮扶贵州的大方县脱贫，该集团投入资金30亿元，采取通过产业扶持、易地搬迁、吸纳就业、发展教育等一揽子综合扶贫措施，计划用三年时间，实现大方县18万贫困人口全部稳定脱贫。

万达集团、恒大集团这种“企业包县、整体脱贫”的创新尝试，正是我们倡导的企业组团、包县脱贫的基本思路。但这里我们也必须清楚地看到，像万达、恒大这样的特大型企业，毕竟是少数，而大规模的贫困县要包县脱贫，就必须靠企业组团，抱团发力，不能仅仅依赖于个别特大型企业。要通过企业组团的方式，把扶贫企业组织成有足够能力的企业集团，根据贫困县的脱贫需要，以企业集团包县攻坚，这样才能行得通，走得开。

三、如何理解组团包县

那么，采用组团包县的方法，它的意义在哪里呢？

归纳起来，主要是三个“有利于”。

（一）有利于杜绝返贫

我们说，扶贫的目的是使贫困人口脱贫，而脱贫的目标是不返贫，假如一时脱了贫，一遇情况就又返贫，这样的脱贫就是假脱贫。所以，脱贫攻坚，就是要从根本上杜绝返贫。实施产业组团、包县脱贫，正是有利于达成这样的目标。一是包县脱贫，在县域的整体性上奠定了脱贫的基础，能够抵御一个村、一个乡个别灾情的冲击，即使一个村、一个乡遭遇灾情，因为县域整体基础好，要恢复局部的一个乡、一个村就快得很。二是产业组团，不仅能够有效集中扶贫的力量，快速打好脱贫攻坚战，而且产业组团包县，为贫困县奠定了造血功能，从而带动就业、改善学业、提高智力素质，这又从根本上消除了返贫成因。所以说，组团包县的实施，有利于杜绝返贫。

（二）有利于企业发展

组团包县，我们认为必须盈利达到双赢，即企业盈利、贫困人口致富，这两个面都要达到，如果一个赢一个亏就是失败的。为什么要企业盈利呢？道理是显而易见的，企业要支持贫困地区致富，就必须得到相应发展。只有企业发展得好，才能为贫困地区脱贫致富提供持久的有力支撑。而产业组团，对接贫困县攻坚脱贫，在扶贫中将会获得国家政策的支持，得到贫困县优惠投资条件的支持，得到贫困县实惠的人力成本的支持，得到贫困县域优越自然环境的支持等，这一切，都会降低企业的投资成本，增加企业的发展韧度。还有很重要的一点，内地尤其是东部地区的企业，在几十年连续发展以后，面临着若干难以解决的矛盾，例如资源、人力成本等，再在当地发展已是举步乏力，而到贫困地区办业扶贫，就打开了一个新的发展天地，找到了新的企业增长点，这样就可以促进企业的健康发展。

（三）有利于优化经济布局

有利于优化经济布局，包括微观和宏观两个层面。微观层面，即贫困县本身经济布局的优化。产业组团、包县脱贫，在贫困县摘帽、贫困人口脱贫的前提下，更重要的是改变了贫困县的产业结构，优化了县域经济布局，同时还必将从根本上为贫困县培养更多有企业管理能力、有市场观念的带头人，会极大地改善贫困县的产业人才素质，从人才这个基础上助推优化本地的经济结构。宏观层面，即国家东西部地区经济布局的优化。由于我国地理环境的差异，形成历史性的东富西贫问题，这对我国全面实现小康社会是个极大的挑战。而从贫困县的致贫因素看，产业落后是其主要原因之一。所以，产业组团、包县脱贫，以产业扶贫为主要切入点，实现东西部地区产业的有机融合，从而有利于国家东西部地区经济布局的优化。同时，由于贫困地区产业结构的转型升级，会带动发展贫困地区的交通条件，改善贫困地区的医疗、教育等公共服务水平，由此也会影响和改变国家经济社会发展不平衡性问题。

第二节　组团包县的基本依托与路径

组团包县，必须有坚实的基础和可行的路径，否则，也会事倍功半，或根本达不成有效扶贫。本节对组团包县的基本依托和路径分述如下。

一、组团包县的基本依托

组团包县的基本依托包括两个层面的含义，一方面是集合产业，另一方面是优化组团。

（一）集合产业

产业组团，最为关键的就是集合产业。集合产业，就是将产业中的龙头企业组织起来，以产业扶贫联盟或工作组的形式，作为包县脱贫的基本依托和主要抓手。2016年，中国扶贫志愿服务促进会受国务院扶贫办委托，先后牵头组织筛选了万余家企业，在此基础上发起成立了旅游扶贫产业联盟、农业扶贫产业联盟、光伏扶贫工作领导小组、消费扶贫工作领导小组和构树扶贫工作领导小组，后来又成立了台湾农业扶贫联盟。这些扶贫产业联盟和工作组，不是一个简单的各个产业领域的企业“集合体”，而是按照扶贫要求严格筛选、科学设计的“企业组合集群”。各联盟和工作组成员分布于所在行业产业链的各个环节，规模达到近3 000家，主要是各行业中有实力、有能力、有意愿参与扶贫事业的领军企业。这是一支巨大的产业扶贫力量，也是一种创造性的扶贫组织措施，为产业组团、包县脱贫提供了基本依托。

（二）优选组团

优选组团，就是针对所包贫困县脱贫的实际，在集合产业的企业中选择最为适宜的企业，组成包县脱贫企业集团，以“一团对一县”的方式，与贫困县精准对接，从而达到发展产业、脱贫攻坚的目的。这里的核心要领，是优选企业。怎么才算优选企业呢？要考虑两个基本面：一个基本面是保质，主要是适合于在贫困县当地落地生根的联盟会员（或工作组属）企业，能够干得对、干得好。另一个基本面是保量，主要是适宜承担贫困县完成脱贫攻坚任务，就是组织的联盟会员或工作组属企业单位能够干得了，不能“小马拉大车”，否则，“小马”累垮，“大车”不移。

二、组团包县的基本路径

实行组团包县，基本的路径应该做到如下四个方面。

（一）政府主导

县级党委、政府是脱贫攻坚的“一线指挥部”，因此，组团包县的实施，也必须要在县级党委、政府指导下进行。组团包县，是产业扶贫的大思路、大创举，它需要实施企业与市场对接、与当地资源和资本对接、与建档立卡贫困户对接，要完成这一切，就必须在县级党委、政府主导下进行，否则难以行得通。“产业组团，包县脱贫”，实质是贫困县、扶贫企业和建档立卡贫困户的有机结合，三者关系中，政府必然是居于主导地位。

对这些联系，如做进一步的表述，应是“政府主导、企业跟进、贫困户参与”（见政府、入驻企业、贫困户关系示意图）。政府主导，一是说入驻企业开展扶贫项目，必须在贫困县政府的产业规划下实施，这样才能与政府的资源配置相吻合；二是说在企业进行产业扶贫工作中，要在政府主导下实施，要一切以建档立卡贫困户脱贫为中心，使人力资源使用、收益流向等向建档立卡贫困户倾斜。这样聚力运行，就会起到增速增效的巨大作用。

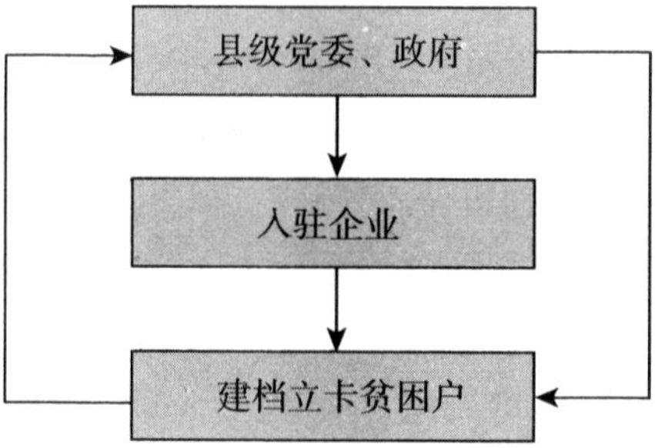

政府、入驻企业、贫困户关系示意图

总体来说，政府、建档立卡贫困户与入驻企业三者应是协调统一的和谐关系，其中，政府处于主导地位，企业处于主动地位，建档立卡贫困户属于脱贫攻坚对象，居于主体地位。没有当地县级党委、政府的正确领导，没有入驻企业的积极作为，没有产业的组合发展，没有贫困人口的主体参与，脱贫攻坚就是一句空话，是绝不能成功的。只有这三方关系顺畅和谐了，把贫困地区的资源充分挖掘、利用起来了，把企业的积极性和产业因素充分调动起来了，真正让建档立卡贫困户这个脱贫主体广泛参与，提高知识文化素养和技术技能，通过自己的诚实劳动和付出，获得有尊严的收入，攻坚脱贫这个仗也就打赢了。

（二）“三位一体”

社会实践证明，无论做什么事情，都要有可行的组织系统，否则，事情就干不了或干不好。包县脱贫是一件终结历史贫症的艰巨工程，是一场硬仗，就更需要坚强有力的组织措施。我们认为，在县级党委、政府主导下，应成立“三位一体”的组团包县领导小组，从县脱贫攻坚的宏观层面实施组织协调，是十分必要的。所谓“三位一体”，就是由贫困县相关部门、有关专家、扶贫企业人员组成一个工作组织。这个组织的分工：一是县级党委、政府的有关人员，主要负责对接本县的协调工作；二是国务院扶贫办、中国扶贫志愿服务促进会、政策性银行、企业联盟和工作组有关负责人，主要负责政策性服务和脱贫工程指导；三是入驻企业有关人员，主要负责衔接企业的产业项目。这个“三位一体”的组团包县领导小组，由县委书记、县长亲自挂帅，负责扶贫产业的总体筹划、方案设计、实施协调、评估反馈，以确保产业扶贫科学施策、良性运行。我们必须明白，脱贫攻坚，2020年决战决胜，已不允许我们再交学费。

（三）链接平台

当今，已是无网不胜的社会。大到国家战略，小到居家生计，都要借网络平台来助力。同样，组团包县，脱贫攻坚，也必须要高度重视网络的作用。从当前的实际看，主要是要实现与社会扶贫网这一平台的无缝链接。我们知道，在国务院扶贫办的直接领导下，中国扶贫志愿服务促进会牵头创办了社会扶贫网。这个网站以信息化手段为牵引，以互联网为依托，以精准扶贫为目标，集中打造了一个以互联网应用与服务为支撑的社会扶贫信息服务平台，旨在促进贫困县、贫困村、贫困户的需求信息与社会各界的扶贫资源、帮扶意愿的有效对接。作为组团包县的县级党委、政府，应采用集成的方法，打造集本县信息、服务、物联为一体的扶贫网，对接中国扶贫志愿服务促进会社会扶贫网，着力打破长期以来社会扶贫工作中面临的信息不对称难题，充分实现社会扶贫资源的市场化配置。

我们相信，只要网通了，组团包县的跟进服务就活了，脱贫攻坚的效率、效益就会得到有效提升。从扶贫的实践看，也充分说明了这一点。有的贫困县，种植业、养殖业长期苦于找不到市场、打不开销路，而一旦对接社会扶贫网，他们的产品就立即趋于“秒杀”之势，这就是网的作用。因此，在组团包县、脱贫攻坚的战役中，必须要建好这样一个网，运用好这样一个网，这既是基础性的设施建设，又是脱贫攻坚行动的倍增器。

（四）签约启动

形式是内容的载体。组团包县必须有正规而庄严的形式，这既是必不可少的环节，也是基础环节，是一定要做好的环节。

2016年11月30日上午，“产业组团、包县脱贫”签约项目启动仪式暨中利腾晖光伏扶贫电站开工仪式在安徽宿州市灵璧县经济开发区叶庙村成功举行，中国扶贫志愿服务促进会倡导的组团包县的第一个签约项目正式落地。紧随其后，光合文旅（旅游企业）、德青源、大北农、三聚环保等企业，又分别与灵璧县签订了旅游、蛋鸡养殖、生猪养殖、秸秆综合利用等项目，签约金额达到20多亿元，正式开启了“产业组团、包县脱贫”的攻坚行动。可以预期，这个产业组团，将为灵璧县摘掉贫困帽子发挥巨大作用。灵璧县委书记刘博夫在发言中指出，中国扶贫志愿服务促进会倡导的组团包县帮扶模式，不仅为我们的产业扶贫提供了产业支持，也为我们的产业发展提供了成型的经验，这对于我们灵璧县脱贫攻坚意义重大。

中利腾晖光伏扶贫电站开工仪式

第三节　组团包县的带贫机制

国务院《中国农村扶贫开发纲要（2011—2020年）》和《关于创新机制扎实推进农村扶贫开发工作的意见》中

明确指出，扶贫开发一定要形成带贫机制、创新带贫机制，通过带贫机制长效稳定地运转实现行之有效的带贫效果。产业组团、包县脱贫这一创新性举措，恰恰能够实现行之有效的带贫机制。

从宏观上来说，以产业组团的形式，实施包县脱贫的运作，能够有效结合贫困县的地区自然资源禀赋，通过整体筹划产业项目，科学设计产业发展的环节和路径，让产业扶贫项目有序地在贫困县内扎根落地、健康长久地发展，这样就能促进县域经济的持续发展，进而持续带动贫困人口增加收益，摆脱贫困。

总结梳理现有的包县脱贫案例，其带贫机制大体有如下三类。

一、收益带贫机制

所谓收益带贫机制，指的是贫困县通过产业组团入驻，贫困户将所拥有的生产要素投入产业之中，企业使用贫困户的生产要素给予相应的利润，从而增加贫困户收入，收到摆脱贫困的效果。

对于贫困地区的贫困户来说，在收益带贫机制中能够提供的生产要素主要包括土地、房屋、小额信贷资金等，对应的收益主要包括土地流转收益、租金收益、入股资金分红收益。而这些恰恰是一个入驻企业落户当地最需要的因素，企业有了土地、房屋才能够建厂从事生产，有了资金才能够进行投资运作。

贫困户所拥有的土地大多数都是零散、小量的土地，难以达到规模化生产的效果，如果能有一个平台来整合这些土地，将这些土地流转过来发展规模化产业，不仅有利于企业发展生产，也有利于贫困户增加收益。毫无疑问，能够合理有效地将贫困户的土地资源利用起来，对于贫困户和入驻企业来说是一个双赢的做法。国家给贫困户提供了小额贷款政策，即每个建档立卡贫困户可以申请5万元的免抵押、免担保三年免息贷款，还可以在此基础上，根据情况给予20万元的低息贷款。这是国家给予建档立卡贫困户资金上的直接扶持，贫困户可以将这笔钱放入进驻当地的产业扶贫企业中，每年就可获取相应的资金性收益。

（一）河北威县金鸡工程收益带贫

河北威县金鸡工程，指的是北京德青源农业科技股份有限公司在河北威县实施的金鸡产业扶贫项目。这个项目的运营管理方式是：威县政府设立资产公司——威州现代农业投资有限公司（以下简称威州现代农投公司），集中流转贫困户的土地，投资建设一个蛋鸡产业园；北京德青源集团在威县设立运营公司——威县德青源农业科技有限公司（以下简称威县德青源农科公司），投入技术、品牌、管理、人才和流动资金。蛋鸡产业园建成后，由威县德青源农科公司租赁经营，每年向威州现代农投公司支付租金，威县流转土地的贫困户作为股东，入股获得稳定的收益。

这个项目的包县带贫效果明显，而且具有较好的可持续性、可推广性。

威县金鸡产业扶贫项目投产仪式

（二）广西藤县资金入股收益带贫

“今天领到入股收益分配，真是高兴！感谢国家和政府的关心。我去年在信用社办理了5万元贷款，交给一家企业经营管理，如今有了这笔收益，给我家带来巨大的帮助。”这是藤县藤州镇贫困户梁某在领到2 000元小额贷款入股分配收益后说的真心话。

这天，藤县2017年上半年扶贫小额贷款入股收益分配发放仪式在该县的多个地点同时举行。县扶贫办、财政局、妇联、农信社、扶贫龙头企业、农民专业合作社代表分赴各个发放现场，为入股的建档立卡贫困户发放分红收益，合计发放分红金额1 759.683 2万元，受益农户9 936户。

自开展脱贫攻坚扶贫工作以来，藤县农信社调查摸底，筛选出实力强、经营状况好、群众信任度高的龙头企业和农民专业合作社，与他们达成扶贫合作共识，采取了“银行+企业（合作社）+农户”的精准扶贫模式，由信用社对建档立卡的贫困户每户发放5万元扶贫小额贷款，然后委托选中的扶贫龙头企业和农民专业合作社经营，贫困户通过入股的形式，每年可获得贷款8%的固定收益。

藤县2017年上半年委托经营扶贫小额贷款收益分配发放仪式

自2016年6月到2017年5月底，在藤县党委、政府的支持下，藤县农信社向本县建档立卡评级授信的9 347户贫困户共发放扶贫贷款4.69亿元。除了449户选择自主经营外，剩下的8 898户贫困户委托县内35家扶贫龙头企业、7家农民专业合作社代理经营，委托经营金额达4.45亿元。

藤县农信社负责人表示，将进一步加强与县扶贫、财政、妇联等部门沟通与协调，在风险可控情况下，继续加大对有贷款需求、有发展项目、有还款能力、符合贷款条件的扶贫企业信贷投放，确保全县贫困户早日脱贫。

藤县的这一模式不同于河北威县，它们的产业组团打包了35家县域内的企业和合作社。应该说这一模式也有其接地气的优越性，这在本县有良好企业的前提下，是可行的。

二、就业带贫机制

所谓就业带贫机制，就是通过产业组团包县脱贫项目的开展，生发出新的用工岗位需求，优先吸纳当地建档立卡贫困人口作为用工对象，通过支付应有的劳动报酬，增加建档立卡贫困人口工资性收入，从而起到带贫效果。

在这里所说的就业带贫，分为直接就业带贫和间接就业带贫以及劳务协作就业带贫三种。直接就业带贫，就是产业扶贫项目生产过程中，直接参与到项目运行生产中的岗位就业，通过工作拿到工资，从而增加收入改善贫困，称为直接就业带贫；间接就业带贫，则是通过入驻县域的产业扶贫项目的运行，生发出新的供需关系而产生的间接生产岗位，这些间接生产岗位带动贫困人口就业取得报酬，我们称之为间接就业带贫。例如，一部分有一些技术并且有意愿的贫困户，通过建立小型工坊，为入驻的产业扶贫项目提供相关联生产的自主创业就业。劳务协作就业带贫，是指贫困地区的贫困人口有较多的有劳动能力的闲置人员，由于当地缺乏用工机会而得不到就业，但是相较于这些贫困地区，东部发达地区却因为用工成本较高、劳动力短缺等情况，缺乏劳动力资源。贫困县党委、政府通过与发达地区政府间的协商协调，由政府牵头，将贫困县的劳动力资源以劳务输出的形式配套至发达地区就业取得工资收益。

从长远看，就业带贫不仅仅只是为贫困人口提供了就业岗位，增加了收入，更为重要的是为贫困人口提供了岗位培训机会，让贫困人口通过就业真正能够掌握一门技术，获得一项谋生手段，甚至开创一条致富道路。产业组团包县脱贫项目的运行，将会产生大量的用工需求，对于贫困人口来说，通过自己辛勤劳动获得一份稳定的收入，在提升贫困人口生活质量的同时，也增强了他们的心理自尊；对于组团包县扶贫企业来说，不仅实实在在地为贫困人口提供了就业岗位，而且降低了用工成本，提升了产品的价格竞争力。

（一）河南省安阳市汤阴县就业带贫

在制衣车间，一台台缝纫机整齐排列，100多名工人正在紧张地忙碌着，有的埋头缝纫制作服装，有的认真打版制样，有的将刚做好的衣服打包装箱。这是在汤阴县五陵镇屯庄村鼎顺服饰有限公司扶贫基地看到的生产景象。

鼎顺服饰有限公司扶贫基地制衣车间生产景象

汤阴县为积极落实产业扶贫政策，帮扶建档立卡贫困户尽早脱贫，仅在汤阴县五陵镇，就协调组织落地了12家扶贫企业，实施产业就业扶贫。截至2017年上半年，五陵镇共引进项目资金5 000万元，建立产业扶贫基地12个，转移劳动力700人，其中，70户建档立卡贫困户的239人实现了稳定就业增收，平均月增收500元以上。目前，汤阴县产业就业扶贫，已成为该县精准扶贫的主导模式。鼎顺服饰有限公司就是其中的一家扶贫企业，它们吸纳了来自周边村庄的30余户建档立卡贫困户就业，人均月收入都在1 500元以上。同时，汤阴县还积极引进劳动密集型企业进驻五陵镇，采取对贫困户实施技能培训、转移劳动力就业和增强就业容纳能力等方式，提高贫困户经济收入。

目前，汤阴县启动的河南浩欣服饰有限公司的服饰基地和人才培训中心正在建设中，该项目投入运营后，将提供就业岗位100余个，可带动43户建档立卡贫困户实现就业收益脱贫。

（二）黔东南黎平县“锦绣计划”就业带贫

黔东南侗族自治州黎平县“锦绣计划”就业带贫，指的是该县通过培训当地贫困人口中的女性掌握刺绣技能，促进创业带动就业，推动当地就业带贫的模式。黎平县的做法主要有五个方面：

一是构筑就业培训平台。他们依托民族村寨旅游资源优势，建成培训基地7处，先后在堂安、肇兴、滚政、黄岗、四寨、三龙、竹坪、铜关、述洞、地扪、高近、青寨、高寅、定八14个“百里侗寨”沿线民族村创建了绣娘坊，辐射村寨21个，推动就业人员培训。2016年争取到产业扶持项目3个、帮扶资金25万元，举办绣娘培训班10期，培训绣娘520余人。

二是搭建好产业就业扶贫模式。他们探索了“公司+农户”“公司+协会+农户”“协会+企业+基地+绣娘”等产业就业模式，引导妇女手工产业从分散生产向产业化、市场化发展，壮大以“草根”合作社或经纪人为定点的乡、村、寨特色手工产品集中加工生产点实施就业。目前这个县已有数个项目落地运行，例如，县协调腾讯与岩洞镇铜关村建立了“互联网+村”平台，创新开发了“铜关绣娘板块”，成立了“彦婷手工刺绣合作社”，实现了培训、就业、生产交流、产品销售的信息共享，促进了贫困人口的就业，增加了就业收益。

三是成立合作社增加就业。县积极组织合作社，以合作社牵头，利用闲置土地资源，鼓励并吸纳群众种植刺绣原材料，同时举办培训班，加大贫困人口的培训与就业，通过这种方式，力求打造“全能型”绣女人才，促进少数民族绣女在家乡就业。例如，该县铜关村绣娘合作社，有绣娘66人，其中贫困户绣娘58人，占绣娘总数的87.88%。2016年该合作社年营业额达到20万元。

四是采取措施激励就业。黎平县扶持绣娘成长，以激励就业、打造品牌效益。县积极组织推荐民间手工艺人和刺绣能手参加省、州绣娘比赛，该县已有16名妇女分别获得省、州“百佳绣娘”荣誉称号，对鼓励就业发挥了积极作用。在2016年9月27日由中华全国妇女联合会、全国妇女手工编制协会、贵州省妇联、贵州省民族宗教事务委员会主办的贵州省“对话锦绣·巧手脱贫”刺绣大赛上，该县尚重镇绣娘荣获一等奖，获奖金6 000元。

黎平县绣娘巧手刺绣

五是搞好“传、帮、带”，带动就业。为充分发挥好绣娘“传、帮、带”作用，黎平县从2013年开始先后举办了4届“百佳绣娘”海选赛，其中，2014年、2015年连续两年举办了黎平县“最巧侗乡绣娘”民族服饰展示及创意设计大赛。在民族村寨中呈现出“人人会手工，家家有绣娘，村村有作坊”的良好就业发展态势。

黎平县的就业带贫，打造的是当地特色产业，或集中或分散，吸纳当地贫困人口就地培训、就地就业，并且开展一系列活动来激励、带动更多的贫困妇女就业，通过就业获得工资性收入，可谓是接地气的就业带贫模式。

三、村集体经济带贫机制

所谓村集体经济带贫机制，是指在产业扶贫项目发展过程中，将盈余的财富用来增加贫困村集体收益，村集体收益再通过设置村级公益岗位（保洁、助残等）、发展村级小型公益事业（兴建村民活动中心、小型水利等）和设立村级奖励补助基金（基层党建、红白事等）等方式进行二次分配，不断增加建档立卡贫困户收入来源，保障半劳动力或失能贫困户获得基本收入。

习近平总书记强调:“要把扶贫开发同基层组织建设有机结合起来，真正把基层党组织建设成带领群众脱贫致富的坚强战斗堡垒。”这足以显示出基层党建在脱贫攻坚中的重要性。贫困地区增加村集体收益，可以通过设立奖补基金，以奖励补助的形式，更好地巩固基层党建。只有村集体富裕了，村两委才能够在群众中有向心力，才能发挥主心骨、领头羊和攻坚克难的战斗堡垒作用。村集体财富的增加也能够带动村两委的积极性，加强村两委在村民中的话语权，使基层党组织可以利用村集体财富，通过多种形式的宣讲活动，推动脱贫攻坚发展，让贫困村、贫困户认识到“脱贫奔小康”的意义。

增加贫困村集体收益，另一方面的用途是用来支付村里的公益岗位工资，以及实施奖励。比如某个贫困户的孩子考上了大学，可以从奖补基金中拿出一定数量的金额给予鼓励、祝贺，从而推动贫困户子女的就学，从更宏观的层面上助力扶贫。再如，贫困村民家中办红白喜事，也可以从村级奖补基金中拿钱慰问，以推动健康的行事仪式，强化村两委的主导作用。

湖北省黄梅县“公益岗位+贫困户”带贫，就是一个典型的案例。黄梅县政府设立了脱贫激励基金，并且设置了保洁、保安、保绿、助老、助残等公益岗位，这些公益岗位的就业，针对的是劳动能力有所欠缺的贫困户，利用脱贫激励基金支付这些公益岗位的工资，使贫困户付出一定的劳动能够获得一定的收入，减弱贫困。例如53岁的贫困户家庭成员老张，社区安排他当了保洁员，每个月能拿到1 500元的工资收入，使这个贫困家庭经济状况得到很大改善。对于贫困户家庭成员年龄偏大、文化程度低、缺乏劳动技能的人员，给予优先安排，例如福利院的门卫岗、保洁员和高龄老人的护工安排等，月工资收入1 500元。据不完全统计，全县在13个社区聘请了40名贫困户家庭年龄偏大的成员，参与城区交通秩序维护。在“城管会战”工作中，又安排了45名贫困人员参与社区环卫保洁，月工资收入达到1 300 ~ 1 800元。

黄梅县的黄梅镇还在第一批开展农村生活垃圾治理的9个村中，安排了9个贫困户的人员从事村级保洁，后又在全镇25个村安排了25个贫困户的人员从事保洁，利用脱贫奖励基金带贫。他们还组织了一批贫困户劳力作为杂工，参加植树造林、森林防火宣传、巡查村组小型水利设施维护、村组公路养护等公益工作。截至2017年6月底，该镇已有124户贫困户中的280人通过激励基金设立的公益岗位获得收入，使其家庭累计收益基本达到脱贫标准。

第二章

优化农业产业，打造新型综合体

本章重点从农业产业角度出发，阐述贫困地区通过农业产业优化提高经济效益，打造贫困村新型经济综合体，从而实现贫困人口的脱贫致富。贫困县大多地处偏远丘陵山区，农业是当地的基础产业和民生产业，是贫困人口生活和收入的基本来源。只有通过对农业产业结构的调整、优化，走农业产业化经营道路，探索并打造新型农业产业综合体，以新的农业产业综合体形成新的“造血”机制，才能带动贫困地区的经济发展，帮助贫困户增收脱贫。

第一节　农业产业现状及发展思路

分析贫困地区农业产业现状，是我们研究解决贫困地区农业产业发展的基本前提。本节简要梳理贫困地区特别是贫困农村的农业产业问题，在此基础上对发展思路做概略研究。

一、贫困地区农业产业现状

毋庸置疑，贫困地区的农业产业经过几十年的建设发展，取得了巨大的进步，农业产业综合水平得到了全方位的提升，农业产业结构更加合理，在促进农村经济进步实现农民增收上获得了巨大的成果。但纵观贫困地区农业产业全局，也还存在着整体发展缓慢、经济效益差、脱贫形势严峻等突出问题。

我国是农业大国，几千年来一直以农业生产为主要经济支柱，但以往的农业发展多为小农经济发展模式，这种模式的特点就是以家庭为生产单位的分散性、封闭性劳动，生产出来的产品绝大多数都提供给自己消费，基本是自给自足的自然经济形态。如果仍然是以这样的经济发展模式来推动发展，必然是不可行的，所以必须将农业以产业发展的思路来打造，形成一条有规模、有能力、有科技、有态度的农业产业化道路。

（一）市场能力偏低

贫困的发生有多重原因，其中一个重要的共性致贫因素是劳动者缺乏生产资料或无法与生产资料相结合。从世界范围看，亚洲、非洲、中南美洲许多发展中国家在摆脱殖民统治之后，并没有进行彻底的土地革命，土地的所有权依然掌握在大农业资本集团手中，普通劳动者不具备与土地等农业生产资料相结合的条件，因而极易成为一无所有的赤贫人群。也正因如此，世界上其他发展中国家的扶贫主要是以教育、医疗卫生以及直接的粮食援助等形式为主，几乎没有依托于土地等生产资料的产业扶贫。与之相反，我国农村实行的家庭承包经营制，建立了以家庭经营为主、统分结合的双层经营体制，并且逐渐将土地承包权确权颁证到户，使得中国农民拥有土地等重要生产资料。

既然有生产资料，为什么贫困还会在中国发生？从中国的地形图上看，中西部三分之二的国土是高原、荒漠、山地等自然条件比较恶劣的地区，加之这些地区的交通、通信、网络等基础设施相对落后，同时距离人口稠密的东部沿海地区有较远的距离，导致这些地区长期只能从事生存型农业。我国的14个集中连片特困地区恰恰全部位于这些地区，山高路远是这些贫困地区的共性特征，农副产品无法到达东部人口稠密地区的市场，这些因素都是导致这些地区贫困的重要原因。

除了因地理自然因素和区位因素以及农副产品无法到达人口稠密地区的市场之外，另一个重要的致贫因素是农户家庭个体难以对接大市场。总体看，我国农业生产的基本组织形式是小规模分散经营，多以家庭为主体，这样即使不存在交通运输上的困难，由于家庭自身能力所限，在直接面对风险巨大的市场时就暴露出明显的脆弱性。例如，周期性的市场价格波动，很可能使赶不上市场步伐的农户家庭所经营的产品价格跌到成本之下，导致血本无归，产出越多亏损越大，甚至由此致贫或返贫。可见，我国贫困发生的主要原因并非是由于缺乏生产资料导致的产出不足，而是由于生产单一和生产出来的产品无法到达市场，或无法对接市场的需求。

总的来说，可以归结成这样两个观点：第一，贫困地区多地处偏远，而这些偏远地区的经济市场发育欠佳、区位市场要素不发达，导致生产出的农副产品难以进入市场；第二，贫困地区的农业发展多为分散式、个体式经营，对接市场的信息和抵抗市场风险的能力较弱。

（二）产业结构不合理

农业产业结构单一，长期在低端徘徊，是制约贫困地区农业增效、农民增收、农村发展的关键因素。贫困地区由于自然条件等因素，耕作技术落后，有些地方甚至还处于原始农业阶段，长期以来"农业靠天吃饭"的局面还未得到根本改善，农业抗灾和农业综合生产能力低。由于科技水平低，农产品加工还停留在粗加工阶段，加工转化增值率低，经济效益差。同时，贫困地区很多丰富的生物、矿产、能源及旅游资源均未能得到较好的开发利用，未能将资源优势转化为经济优势。

目前，从总体上看，我国农业结构与我国的经济发展水平大体上相适应，基本满足了城乡居民生活和社会发展的需要。但是目前农业结构调整所面临的内部条件和外部环境与过去大不相同，调整所要达到的目标已远远超出一般性的阶段要求，农产品品种、品质结构尚不优化的问题首当其冲。而从贫困地区的农业产业看，近年来，许多地方的农业产业结构调整总是在数量关系上做文章，市场开发和产销协调工作较为薄弱，因此农业产业结构调整往往偏重于品种结构的调整，农副产品的优质化、多样化和专业化虽然在发展，但是落后于需求结构的变化，导致了农副产品大通货多、名优特新产品少，普质产品多、专业产品少，低档和劣质产品多、高档和优品少，"三多三少"的问题难以根本解决，农业产业竞争力难以提高，甚至增加了农副产品的供求矛盾和经营成本。

再者，缺乏农业产业结构调整的总体规划，贫困农民组织化程度低，更进一步导致了贫困地区农业产业单一的现状。农村实行家庭承包经营制虽然符合农业发展的要求，但农户家庭经营规模过于细小，经营分散，劳动生产率低，组织化程度低，不具备与国外大农场开展平等竞争的能力，属于弱势群体。许多贫困地区的农业产业结构调整还没有跳出以往适应性调整的思维定位，在内容和范围上，仅仅局限于农业内部粮经作物面积产量的增增减减，对通过农业产业结构调整促进农业资源的优化配置，特别是对于如何充分合理地利用农业劳动力，大力发展贫困村第二、第三产业，如何加快贫困农村新型经济综合体建设等一系列深层次问题，更多的还是停留在一般号召上，缺乏具体的实质性推进。

（三）产业科技水平低

因为我国农民组织化程度低、土地经营规模小，很难形成规模化经营，导致我国农业产业中原料产品与加工品比例不协调，这也进而形成了我国贫困地区农业产业科技水平较低的突出问题，农产品加工业尚处在初级阶段，农产品的加工、保鲜、包装、储运、销售体系等方面的建设滞后，与国内发达地区农村相比差距很大。从世界范围看，现阶段发达国家的农产品加工业产值与农业产值之比大都在2：1以上，而我国只有0.43：1。我国各类肉制品仍以初级加工品或基本以原料形式进入市场。而且由于质量不稳定，包装不标准，大大降低了在国际市场上的竞争能力。再从出口结构来看，我国初级农产品出口占80%，深加工品仅占20%。而世界农产品出口大国之一的荷兰，其初级农产品与深加工产品出口的比例为1：3。上述表现的直接后果是，我国农产品在品质、价格上处于劣势，农产品的比较优势将持续减弱，来自国外农产品的竞争压力增加，农业产业结构调整难度加大。这种情况在我国贫困地区更甚。

贫困地区由于农业科技含量不高，优质高效农业技术很少，再加之农业科技的投入欠缺，使得农业科技储备匮乏，科技成果推广率偏低。如果这种状况继续下去，贫困地区的农副产品则在国内国际市场中难以形成比较优势，这也给脱贫攻坚带来难度。总的来说，目前贫困地区的农业发展面临着有产业、但是农业产业科技水平较低、农副产品附加值不高、缺乏市场竞争力进而造成贫困户收入低的现状。

（四）产业融合度不足，体系融合度不够

进入21世纪后，随着我国城镇化和工业化的快速推进，农业农村基础设施不断完善，信息化技术快速应用，全国各地尤其是东部发达地区开始出现了农业与第二、第三产业融合发展的倾向。例如，在城镇郊区发展观光农业、休闲农业、都市农业等；在发达地区发展信息农业、设施农业、工厂化农业；在农产品主产区，发展高端增值农业，建立农产品加工基地，设立农产品直销地等。从体系的角度看，这种融合发展的趋势，概括起来大体有四种形式：一是农业内部产业重组型融合，比如种植业与养殖业相结合，这种融合表现在一些新型农业经营主体，以农业优势资源为依托，将种植业、养殖业的某些环节甚至整个环节连接在一起，形成农业内部紧密协作、循环利用、一体化发展的经营方式。二是农业产业链延伸型融合，即一些涉农经营组织，以农业为中心向前向后延伸，将种子、农药、肥料供应与农业生产连接起来，或将农产品加工、销售与农产品生产连接起来，或者组建农业产供销一条龙。三是农业与其他产业交叉型融合，比如农业与文化、观光旅游业的融合。农业与生态、文化、旅游等元素结合，大大拓展了农业原来的功能，使农业从过去只卖产品转化到还卖风景、观赏，卖感受、参与，卖绿色、健康。由此，使农业产生了意想不到的产业价值提升。据不完全统计，目前我国各类休闲观光旅游农业经营主体有180多万家，接待游客年均增长保持在15%以上，2014年接待人数达到9亿人次。四是先进要素技术对农业的渗透型融合，比如在“互联网+”的大形势下，农

业实现在线化、数据化，农业生产经营的网络在线监控管理，农副产品线上预定、结算，线下交易、销售（O2O）。信息技术的快速推广应用，既模糊了农业与第二、第三产业间的边界，也大大缩短了产供需体系之间的距离，这就使得订单生产、网络营销、在线租赁托管等都成为可能。据统计，2014年我国涉农类电商企业达到3.1万家，其中涉农交易类电商企业4 000家，农副产品电子商务交易额超过1 000亿元。从近几年的国内发达地区农业产业发展实践看，农村一、二、三产业融合发展取得了显著效果，农业产业、加工服务业、物流商业、旅游文化产业的体系融合发展很快，农村农业产业范围拓宽了，农业附加值大大提高了，农民收入也明显增加。

农业生产大都还停留在粗放的落后水平上。大多数农民仍沿袭一家一户、零散生产经营的传统种养习惯，农产品种植还处于自然原始状态，生产规模有限，资金投入不足，第二、第三产业发展缓慢，服务机构不健全，信息不灵，产销脱节，特别是缺少以农产品加工为主的龙头企业，处于“什么都有”“样样不多”“东家看西家，大家种啥我种啥”的小农经济阶段。农业生产一般重产不重质，重实用不重加工、包装与销售，加工链条短，技术落后，销售方法原始。加之乡镇之间协作少，农民之间联合少，难以整合优势资源，造成经营管理粗放。现有的农产品多以初级产品加工为主，没有形成加工产业链，无法形成规模、提高技术，商品率和加工转化率低，参与市场竞争能力较弱。归纳起来：一是农业与第二、第三产业融合程度低、层次浅，主要是农业与第二、第三产业融合程度不紧密，链条短，附加值不高。二是新型农业经营组织发育迟缓，对农业产业融合的带动能力不强，主要表现在有带动能力的新型经营主体太少，一些新型经营主体有名无实，还有一些新型经营主体成长慢、创新能力较差，不具备开发新业态、新产品、新模式和新产业的能力。三是利益联结机制松散，合作方式简单。目前贫困地区农村产业融合多采取订单式农业、流转承包农业，真正采取股份制或股份合作制，将贫困农民利益与新型农业经营主体利益紧密联结在一起的，所占比例并不高。四是先进技术要素扩散渗透力不强。由于农业存在着自然和市场双重风险，加之盈利低下，许多社会资本和先进成熟的技术生产要素向贫困地区农村农业产业扩散渗透进程缓慢，同时还由于贫困农民的技能素质较低，贫困地区农村产业融合型人才缺乏，也抑制了先进技术要素的融合渗透。五是基础设施建设滞后，贫困地区农村总体涉农公共服务供给不足。农村农业产业的融合发展，需要互联互通的基础设施和高效的公共服务。而目前我国许多贫困地区农村供水、供电、供气条件差，道路、网络通信、仓储物流设施落后，导致贫困农村内部以及与城镇间互联互通水平低下，这也对贫困地区农村农业产业与相关联体系的融合发展带来了严重影响。

（五）产业管理乏力

一个农村的农业产业要发展，一个很重要的因素是需要具备强有力的村两委班子，他们在一个村的农业产业发展中扮演着至关重要的角色，发挥着重要作用，甚至是决定性的作用。一，他们是上级政策的传达者，各个方面的农业产业政策都要通过村两委干部最终传达给每位村民，他们对政策的理解把握程度对村民有着巨大影响。二，他们是农业产业发展的筹划决策者。对一个村来说，各种农业产业的筹划决策和运作都需要村两委的组织、安排和协调，如果他们的能力水平低，这个村的农业产业要发展就会是一句空话。三，他们是致富的领头人。俗话说“火车开得快，全靠车头带”，村两委干部就是农村的火车头，他们肩负着带领全村人摆脱贫穷、走上富裕、奔向小康的重任。他们在农业产业发展中同样具有火车头的作用，如果他们在农业产业上有项目有作为，那这个村就会整体受益。四，他们是村子的管理者，本村在农业产业发展的意见、要求与建议，以及相关联的公共事务和公益事业的发展，民间纠纷的调解，社会治安与环境的维护，都必须由村两委干部来处理。从实质上来说，他们起着营造一个村农业产业发展生态环境的作用，这个环境营造不好，要发展好农业产业也是有难度的。而从贫困地区农村的实际情况看，农业产业发展不力的重要原因，正是与村两委管理乏力有直接的关系。不少村两委班子政策水平偏低，思想观念陈旧，缺乏宏观思路和做法，不积极作为，导致在整合资源、引进项目、助推发展等方面不给力。这是研究贫困村农业产业发展必须关注的一个维面。

二、贫困地区农业产业发展思路

遵循中央和国务院有关农业产业发展政策和扶贫开发精神，结合贫困地区农业产业现状，充分借鉴发达国家和地区农业产业发展经验，提出如下贫困地区农业产业发展思路：

（一）因地制宜，发展特色

因地制宜，是指贫困地区充分发挥资源区域比较优势，根据贫困村不同特点，实行分类指导，突出各村特色，宜农则农，宜粮则粮，宜经则经，依托资源禀赋做文章，大力推进贫困农村特色农业产业的发展，全面拓展农业产业领域，提升农业产业功能，积极促进贫困农民增收致富。

发展特色，就是依托各自区域内独特的资源，开发形成各自特有的名优农产品、特色农副商品，做到一村一品、一乡一业，各具特色。发展特色，关键之点就在于“特”：一是特色在唯我独存或唯我独尊。自古以来就有“物以稀为贵”的道理，对于贫困村镇发展特色农业产业来讲，也只有做到了人无我有、人有我优、人优我特才能发展起来。二是特色在根植于各自的自然地理环境条件之天赋。各地的自然环境条件有所不同，就要在不同上做文章，把不同于别人的地方做足，如果不切实际地盲目模仿别人，只能落个劳民伤财的后果。三是特色在唯生态保护之“本”上。无论我们进行什么样的农业产业开发，一定要遵循保护生态的刚性原则，保护生态、维护生态、涵养生态。保护好生态，就是保护好农业产业发展的命脉，就是保护好脱贫致富的根本。一定要接受过去先开发后治理的教训，使贫困农村的农业产业发展建立在科学可持续的基础上。

发展特色，要加大力度推广特色农业产业品牌。随着社会主义市场经济的发展，农产品也需要像工业产品一样建立品牌，提高产品档次，打开销路，增加利润。目前贫困地区独特的品牌特色产品少，“一村一品”“拳头产品”品牌还远远不够，所以必须加大农产品品牌推进力度，利用贫困农村自然环境优势，把现有的农产品打造成品牌产品，努力为贫困农民争取更大的经济效益。

发展特色，要大力培植品牌产业龙头企业和营销群体，提高农业产业生产的组织化程度，推动农产品深加工、精加工，延伸农业产业增值链。要重视市场开发，统筹考虑农业生产、农产品加工、运贮、销售等各环节的相互关系，通畅农产品的市场渠道。从贫困农村农业发展较好的情况看，特色农业虽已初具规模，但仍存在农产品加工转化增值滞后、农业工业化水平低、农业资源优势未充分转化为经济优势等问题。如一些贫困地区发展农业加工，连一个初级加工厂也没有，使当地的特色农产品只能简单地出售原始产品。要改变这种现状，必须充分运用现代工业的理念谋划农业产业，把工业经济中适应社会化大生产、符合市场经济规律、能够有效提高资源利用效率等的先进经营理念，广泛移植和导入农业产业领域。通过工业化的生产组织方式，抓好农业产业生产过程中的资本运营，发挥各类市场主体的积极性，走出一条特色统筹、以特促农、工业化发展的良性脱贫道路。发展特色农业产业，要遵循利益共享、风险共担的利益共同体原则，要处理好各种经济利益关系，尤其要处理好带贫关系。可以采取“企业＋基地＋贫困农户”，也可以采取“专业市场或专业协会＋基地＋贫困农户＋科研”等方式，但无论哪种形式，都应优先考虑带贫问题。

总之，因地制宜，发展特色，就是要遵循自然生态规律，要立足贫困村实际，处理好发展与保护两者之间的关系，创新思路，在树立尊重自然、顺应自然、保护自然的生态文明观念的基础上，科学、合理地规划地方特色资源，真正把自身特色转化为农业产业发展优势。与此同时，更应该注意的是，一个地方一种特色，而不是多特色，要明白百花齐放才是美的道理，不能耗费大量的人力物力去“生搬硬套”，那不是真正意义上的特色。只有合理利用当地资源，结合人文特色，因地制宜地发展具有个性化、创新性的农业产业，才能充分挖掘和显示地方魅力，扬长避短出奇彩。

（二）对接市场，注重销售

根据广大集中连片特困地区农业发展多年来的经验总结看，贫困发生的主要原因，在一定程度上看并非是由于缺乏生产资料导致的产出不足，而是由于生产出来的农副产品无法到达市场，或无法对接市场的需求。如此情况下，在贫困地区基础设施条件有了一定发展的前提背景下，能否有效打通贫困地区农副产品的市场渠道，使贫困群众真正通过产品销售而受益，就成为农业产业扶贫面临的一个现实的挑战。所以，在精准扶贫实践中，务必要优先考虑贫困农户农副产品的市场销售，对接好市场这个农业产业扶贫的关键环节。

一是进一步完善对接市场的基础设施建设。主要是加大资金整合力度，在现有基础上进一步完善交通、电力、通信、网络等基础设施建设，从而集中力量突破与市场对接的瓶颈，加强贫困地区与国内外市场的联系，便于贫困地区农副产品的输出和需求信息的输入。同时，要完善农业产业的扶贫支撑保障体系，强化科技服务支持，提高产品质量标准，稳步有序地培育打造贫困地区农业产业特色品牌，以严格规范的管理提高贫困地区农业产品的市场认同。要加快建立贫困地区特色农副产品收储制度，奖补对贫困地区农副产品收储公共品进行投资的新型经营主体，鼓励其对贫困农户提供全产业链服务，提高贫困户对市场价格波动风险的应对能力。此外，还应将扶贫项目与完善贫困地区农业产业保险机制结合起来，可以将一部分扶贫资金用于对有特色、高效益的农作物品种提供保险，以能够支持贫困农户的抗风险能力，使有限的扶贫资金产生杠杆效应。

二是真正把贫困户融入市场链环节。应该说，重视前期农副业生产，忽视后期的产品销售，是目前农业产业扶贫中比较突出的问题。有这样一种现象，在行政主导下的农业产业扶贫项目中，更倾向于关注产业的规模、技术、生产等有形状态，而在销售领域更多的则是依靠培育的龙头企业，而龙头企业与贫困农户的结合方式主要是以销售合同或订单为主，例如先由公司提供种苗，再由贫困农户来进行种植，最后再由公司来负责加工、运输和销售。在这种结合方式下，贫困农户所承担的是风险较大、利润较低的生产环节，而利润较高的销售环节则由龙头企业运营，众多分散的贫困农户在组织性强的龙头企业面前，谈判能力明显不足。即使贫困村成立专业合作社解决市场销售问题，由于受制于地理位置偏僻、运输成本高、远离市场、信息闭塞、基础设施薄弱等因素影响，加之合作社内部组织管理松散，在具有信息资金优势的收购方面前仍不占优势，收购方会以压级压价等方式蚕食贫困农户的农副产品价值，农业产业产品利润最终被销售商和终端环节攫取，政府通过多种方式支持的扶贫项目的收益最终却落到了非农业产业中，贫困农户仍未从农业产业扶持中享受到较多的市场收益。因此，解决的方法就是真正把贫困户融入市场链环节。可采用“公司+基地+贫困农户”等方式，围绕主导农副产品进行市场化的生产、加工、储运、销售链设计，使围绕市场销售的各个环节关联性增强，形成一条完善的农副产业市场链，以最大限度地挖掘出农副产品具有的经济潜力，增强对市场风险的抵御能力，使贫困人口真正享受到其农副产品的价值和收益。

三是以市场导向指导农业产业扶贫发展。近年来，我国农业生产成本持续较快上涨，而国际农产品价格持续下跌，国内外农产品价差越来越大，“洋货入市、国货入库”的问题突出，呈现出生产量、进口量、库存量“三量齐增”的现象，农业供给侧结构性改革任务迫在眉睫。从贫困地区农业产业扶贫的情况看，由于受这个大环境的影响，加之以行政方式在短时间内上马的扶贫项目，缺乏对产品的市场需求和趋势的深入了解，对市场的滞后性、盲目性等特点考虑不足，使贫困地区农业产业扶贫的项目很难发挥效果，甚至出现了引导的农业产业项目产品无销路，生产资源浪费，群众对扶贫行为不满意，财政投入效益低等现象，严重影响了农业产业扶贫开发项目的可持续性。例如，当前我国核桃种植面积已经超过8 000万亩，预计未来一两年丰产期到来后，产量将占世界核桃产量的80%。据调查，一些贫困地区的核桃价格已经出现下滑，市场隐忧已开始浮现。所以，建立市场导向是农业产业扶贫要考虑的重要问题。必须要尊重市场的客观规律，这个市场客观规律，既包括当地的自然环境和农业产业基础，也包括外部市场的容量和市场潜力。只有充分研究分析当地发展农业产业的内部环境，尊重市场客观规律，引导贫困地区根据自己的农业产业特点和市场情况决定农业产业发展，才能更好地达到农业产业扶贫的目的。

四是要探讨构建贫困农户利益联结机制。要探索多种形式的贫困户利益联结机制，将贫困户纳入到龙头企业农业产业链中，尽量改变通过简单地签订销售合同或订单的联结方式，而应更多地采用按股分红或利润返还等形式，提高贫困农户在农业产业链中的地位。例如，可以将扶贫资金提供给带动能力强、产业基础好的龙头企业或合作社，将资金折股量化到贫困户头上，使这些发展能力差的贫困户也能享受到股金分红，同时将贫困户的土地流转给公司或合作社来获取稳定的土地租金收入，并鼓励贫困户为公司或合作社出工来获取工资收入。

（三）发展循环经济，提高科技水平

循环发展，实际上是人类生存的一种状态。从农业循环发展看，其雏形在我国传统农业、生态农业中就有所体现，例如在农业生产过程中，消耗了物质、能量，生产出供人类享用的农产品，部分人类食用后产生的排泄物及其他副产品（如秸秆）又用作农业能源或过腹还田培肥地力等。但随着世界循环经济理念的诞生，现代农业循环经济已应运而生。现代的农业循环经济是把农业生产、农产品加工和有机废弃物资源化看作是客观的“形体”连接在一起，形成资源低消耗、产品再加工、资源再利用（即废

弃物资源化）的周而复始的循环经济体系。它是走向集中和联合的一种新型农业生产经营方式，具有很强的生命力。它强调的是在农业生产者之间或者与产前、产后部门形成经营共同体，采取提高农副产品质量、寻求更有利的农副产品加工增值和有机废弃物的再生利用，把农业生产者由单纯从事动植物生产向以动植物生产为中心的产前、产后、资源再生等领域循环经营转变，从而将引发农业和农村经济在中观层次上重组的历史性演进。发展循环经济，是社会主义市场经济条件下的现代农民、现代农业和现代农村经济发展的必然选择，完全符合现代农业产业发展的客观规律，符合人类发展的历史进程。

因此，我们说农业循环经济的发展，是促进农业产业重组创新的过程，是划时代的“第三次变革”。它的发展不单纯是农业内涵的延伸、资源效益的放大、农民增收和农村经济壮大的重要途径，也是缓解农业资源压力、保护生态、清洁环境、促进农业和农村经济可持续发展的战略举措。所以，贫困地区的农业产业扶贫，必须坚持发展农业循环经济的大思路，创新农民、农业和农村经济发展模式，优化贫困地区自然资源配置，从根本上解决好资源、生态、环境与经济发展之间的矛盾，实现贫困农民可持续脱贫。

贫困地区发展农业循环经济，核心要素是要大力发展农业产业科技，只有这样才能从根本上实现贫困地区农业产业循环经济的发展。

一是要推进农业科技创新。农业科技既具有一般科技的共性，又具有其专业领域的特殊性，从一定角度来说还具有公益性、区域性、稳定性的特征，这些特征决定了农业科技的创新必须建立在遵循农业科技发展的客观规律之上。当然这并不是说要把现有的科技推倒重来，而是要在已有基础上进行改进和完善，重点是要解决科技的贡献率问题，关键要与贫困地区农业产业需求紧密地结合起来，创新生产技术，创新产业模式，创新经营方法，创新带贫机制。

二是推进农业科研成果转化。首先要健全农业科研成果推广体系，完善农业科研成果推广运行机制。由于贫困地区农业产业的社会公益性和自然风险性，以及农业科研成果本身的特点，现实中尤其需要完善以政府为主导的多层次、多成分、多形式、多功能的农业科研成果推广体系。其次要做好完善农业科研成果中介服务体系的工作，建立有利于农业科技成果有效利用和转化的中介机构，建立健全农业科技成果利用与转化的监督与仲裁机构，协调和解决农业科研成果转化过程中的矛盾，确保农业科技成果转化工作顺利进行。

三是培育新型农民，激活农业科技推广的后备潜力。农民是农业的经营主体，也是农业科研成果的运用主体，农民科技知识的程度在很大程度上决定着农业科技成果的终端转化能力，但是贫困地区的贫困农民整体文化素质较低的民情制约了他们对高新科研成果的接纳能力。所以，在发展循环经济、提高科技水平的工作中，就要把培养有文化、懂技术、会经营的新型农民队伍，作为刚性措施推进。一要进一步完善贫困农村职业教育和成人教育机制，强化对贫困农村劳动力的职业技能培训。在持之以恒地抓好基础教育的同时，要整合区域内职业学院、各类职业技术学校、农校、广播电视学校和各类职业技术培训中心等资源，对广大贫困农村农民广泛开展各种形式的职业技能培训。二要进一步加大对贫困农村农民的免费技术培训力度，扶持和发展民营科技企业。要积极推进农科教相结合，广泛开展新型农业技术推广、技术培训，使贫困农村农民基本能掌握一到两门实用农业技术。三要持续不断培养和造就一批骨干队伍。按照在发展循环经济中干什么就培训什么的思路和原则，为贫困农村循环经济的发展培训一支能够承担和推广实用技术的技术队伍。

四是创新农业科技管理机制，建立完善开放的科技信息管理体系。要防止科技成果产业化过程中各利益主体的自我保护和追求利益最大化的问题，要以贫困县为基本区域建立完善开放的农业产业科技信息管理体系，做到科技成果信息的公开和共享，为加速贫困地区循环经济发展提供有效保障。

（四）强化管理，加强指导

前文述及，贫困地区农业产业的发展落后于发达地区的农业产业发展，在一定程度上来说，主要原因在于贫困地区尤其是贫困农村缺乏强有力的管理和指导。因此，贫困地区的农业产业扶贫工作中，强化管理、加强指导就非常重要。强化管理、加强指导，是一个系统工程，涉及组织贫困农村发展农业产业的方方面面，但从市场经济的角度说，强化做好价值链、组织链、物流链、信息链的管理工作尤为重要。

一是价值链的管理。基本原则是在符合市场需要的前提下，通过农业产业链的有效管理，使贫困村农副产品尽可能地增值。以番茄为例，在整个番茄的价值链条中，所有的参与者不仅关心自己的产品能否卖出，而且也十分关心整个番茄价值链条的完整性，特别是零售商能否将番茄卖给消费者这一环节，这关系到所有的参与者能否获得回报。这也是为什么在西方国家零售商能获得高于种子公司和种植者的利润率的原因之一。可见，农业产业链中的利益分配是由市场决定的，是一种供需平衡的结果。因此，在价值链的管理中，应通过行政的、法律的、经济的手段加快发展贫困村农副产品市场，通过政策倾斜来保护和培育贫困村农副产品市场，如大力发展贫困村农副产品批发市场和零售市场等，通过市场来引导贫困村农业产业链发展。

二是组织链的管理。一方面是将贫困农户、农业合作社、农业产业企业等基本单位围绕某一类农副产品建立起农业产业链组织，这种产业链组织可以是紧密的，也可以是松散的。另一方面是县级政府部门或行业管理部门通过政策引导、组织规划、协调沟通等手段对组织链实施及时指导。最终实现让市场指挥农业产业链，决定农业产业生产什么或生产多少，政府和行业管理部门服务于农业产业链，组织协调农业产业链的健康运行，提高产业链系统内部的组织效率和决策效果。

三是物流链的管理。农业产业的再生产是自然再生产与经济再生产交织的过程。在农副产品的种养、生产、加工、储运、销售、消费过程中，对农副产品的保鲜、冷藏、包装等要求较高，由此要求农业产业链的物流系统必须方便快捷、体系完备，对不同农副产品的物流管理还要设计出具体的物流系统，如在超市销售的鲜奶、冻肉等产品需要建立起专门的冷链物流系统等。要在贫困地区发展农业产业的宏观设计中，科学匹配物流链的建设，以使生产转换收益的环节畅通。

四是信息链的管理。农业产业链管理的基本思路是通过信息流来带动农业产业链中的物流与价值流。在农业产业链的管理中，信息初始源头来自市场或消费需求，在获得有价值的市场需求信息之后，反向对农业产业链各环节提出相应要求，产业链的各参与者根据市场的原则加以分工与协作，即用尽量少的投入获得符合市场需要的产品。信息流动是产业链中所有参与者的共同需求，其信息沟通的办法也多种多样。由于其分工与协作关系比较固定，因而其信息沟通渠道也相对固定。在贫困地区农业产业链管理发展中，政府在农业产业链信息网络的建设方面应给予投入和支持，因为一般农业企业公司、合作社、贫困户没有充足的财力来投资建设信息网络。目前已有的一些农业网络其功能不足，也未按农业产业链管理的要求而建，因而缺乏针对性，不能充分发挥农业产业链管理中信息流的作用。总之，价值链管理、组织链管理、物流链管理和信息链管理不仅是构成农业产业链管理的主要内容，也是提高贫困地区农业产业管理水平的重要途径，需加以全局考量。

第二节　农业产业扶贫的成功范例

贯彻习近平总书记和党中央、国务院《关于打赢脱贫攻坚战的决定》指示精神，国务院扶贫办以及中国扶贫志愿服务促进会，组织实施了农业产业扶贫试点，并结合贫困地区实际，进行了推广工作，下面摘出部分以资分享。

一、德青源“金鸡工程”扶贫

德青源“金鸡工程”，指的是北京德青源农业科技股份有限公司（以下简称北京德青源有限公司）实施的金鸡产业扶贫项目。为贯彻落实习近平总书记关于扶贫开发“四个切实”“六个精准”的要求，坚决打赢脱贫攻坚战，北京德青源农业科技股份有限公司在国务院扶贫办、财政部、农业部、河北省委及省政府的大力支持下，在河北威县积极实施金鸡产业扶贫项目，大胆探索资产收益扶贫新模式，取得初步成效。

德青源“金鸡工程”启动仪式现场

（一）基本情况

北京德青源有限公司，是中国蛋鸡产业的龙头企业，经过多年摸索，打造出了一套全球首创的“有机种植—生态养殖—食品加工—清洁能源—有机肥料—蛋品物流体系”这样一体化、一二三产业融合发展的循环农业产业模式，被联合国环境署评为全球环境示范工程。它们创建了“鸡蛋身份证制度”，结束了我国鸡蛋“三无”（无标准、无生产日期、无品牌）的历史，推动并参与制定了中国第一部鸡蛋标准，开创了我国品牌鸡蛋的先河。为此，国家科技部在北京德青源有限公司研发中心的基础上，组建了国家蛋品工程技术研究中心。依托该研发中心强大的技术支撑，北京德青源有限公司又建立了一套完善的蛋鸡标准化生产运营管理体系，做到了确保其复制的任何一个农场生产的鸡蛋都可全程追溯。截至目前，北京德青源有限公司的蛋鸡产业模式已在安徽黄山，西藏拉萨尼木，河南西平、林州、禹州、方城，以及河北威县等地成功投产。下面阐述威县项目。

河北省威县，地处环首都黑龙港流域贫困带，不靠山、不靠水、不靠铁路线、不靠大城市，地上没资源、地下没矿藏，是个传统农业县，也是国家级贫困县。截至2015年年底，全县还有建档立卡贫困村181个、建档立卡贫困人口1.95万人，贫困发生率为4.32%。威县县委、政府领导班子深入贯彻党中央、国务院指示精神，大力开展扶贫攻坚，把发展德青源蛋鸡产业作为县打赢脱贫攻坚战的重要抓手，成功引进德青源蛋鸡产业工程，并依托财政资金和金融杠杆，结合当地扶贫开发实际，探索了自己的一套运营管理方式。威县政府设立资产公司——威州现代农业投资有限公司（以下简称农投公司），投资建设一个蛋鸡产业园；北京德青源有限公司在威县设立运营公司——威县德青源农业科技有限公司（以下简称威县德青源），投入技术、品牌、管理、人才和流动资金。项目建成后，由德青源租赁经营，每年支付租金，还本付息后的剩余金额，用于威县扶贫开发事业。这样，威县的贫困群众既成为了德青源的主要扶贫对象，又成为了德青源的重要用工来源，真正为贫困群众找到一条见效快、收益稳、无风险、无污染的产业扶贫之路。预计到2017年年底，摘掉贫困县“帽子”，2019年全部建档立卡贫困村出列，全部绝对贫困人口脱贫。

（二）主要做法

1. 第一书记责任制

县成立金鸡项目领导小组，县委书记安庆杰为第一责任人，负总责，统一领导动员部署，协调任务落实。各有关乡镇党委书记为乡镇第一责任人，分片负责，工作到村。各相关村村支部书记为村第一责任人，扶贫到户，具体落实。县、乡、村上下联动，统一思想，分工不分家，扶贫攻坚一盘棋，有效地推动了金鸡扶贫工程发展。

2. 精准识别扶贫对象入社

为了确保贫困户受益，威县在4个乡镇筛选了126个村（其中重点村48个），共34 618户129 244人，通过建档立卡“回头看”排队、评议、公示、审核，最终甄别出2 117户4 424人为贫困人口，分别加入6个蛋鸡合作社，县财政按照每人4 680元配资，使贫困户成为虚拟股东，实行动态管理，享有收益权。

3. 以资本为纽带，联结各利益主体，按照1：1：1筹措项目资金

金鸡工程项目总投资3.75亿元，其中，威县德青源投资1.25亿元，包括自筹6 250万元及扶贫再贷款6 250万元，用于生物资产和流动资金。威县农投公司投资2.5亿元，其中，筹措1.25亿元资本金，来源包括威县整合涉农资金8 600万元、申请发改委专项建设债3 000万元、河北省扶贫办支持威县试点资金900万元；贷款1.25亿元，即通过农发行贷款，由威县农投公司做资产抵押担保。

4. 以产业为依托，建设蛋鸡产业园

通过农投公司投资2.5亿元，建设青年鸡场、产蛋鸡场、饲料厂、屠宰场、沼气厂、食品厂、生活服务区，简称“六厂（场）一区”。项目建成后，蛋鸡饲养规模240万只，年产鸡蛋5.5亿枚，总产值6.2亿元，可创税2 268万元。为实现扶贫效益最大化，项目还专为建档立卡贫困群众创造了1 038个就业岗位，并通过资产收益和玉米订单综合带动4 424名建档立卡贫困群众通过种植产业脱贫。

5. 实行标准化建设和运营

威县农投公司把工程项目分为若干标段，委托威县德青源项目团队管理，协助政府履行招投标程序并实施工程监理，项目建成后租赁给威县德青源运营，租赁期15年，起租期按照一期工程投产起算，威县德青源每年按照固定资产总投资的10%支付租金，15年合同期满后，威县德青源按照项目净残值一次性回购所有资产。

6. 组织贫困群众就业培训

扶贫必扶智，扶贫先扶智。任何一个扶贫项目的创建与发展，人才是基础、是支撑。威县比较好地抓了这一基础性工程，2015年4月开始至今，在国务院扶贫办和中国扶贫志愿服务促进会的支持下，威县德青源在当地招募

和储备了150余人，分期分批组织实施产业技能培训。第一期两个批次的40余人已经培训到岗就业，其中建档立卡贫困人口占比38%。

7. 对项目实行规范化管理

为规范项目管理，威县制定了《威县资产收益扶贫项目管理办法》，其中，明确了标准化的项目监管程序，包括：项目审批，“四符合一审定”；公告公示（一套公告、备案、复核、变更程序）；验收报账，先验收、再报账；监督管理，实行经常性检查、审计检查、社会监督。

二、中利集团贫困村光伏农场扶贫

近年来，中利集团股份有限公司（以下简称中利集团）积极贯彻国家精准扶贫、精准脱贫政策，积极参与光伏扶贫工程相关的系列行动，并且在原有创新项目“智能光伏+科技农业”基础上，按照分布式、标准化、品牌化、可复制的产业扶贫项目要求，不断探索光伏扶贫项目的新模式，推出了“贫困村光伏农场”精准脱贫项目。2016年，该集团公司展开“包县脱贫”工程，在国务院扶贫办举办的“10·17”扶贫日论坛当天，与15个贫困县签订了“包县脱贫”协议，目前该公司已累计与14个省、市、自治区的40多个贫困县签订协议并有序展开实施工作。下面以安徽省灵璧县项目做简要介绍。

（一）基本情况

灵璧县位于安徽省淮北平原的东北部，是国家扶贫开发重点县，全县总人口126.5万人，2016年统计，全县共有73个国家级建档立卡贫困村、2.295 5个贫困户、7.5万贫困人口。2016年12月，中利集团与灵璧县签订了贫困村光伏农场扶贫项目。该项目选择在县经济开发区、尹集镇、黄湾镇等乡镇，分11个点集中建设贫困村光伏农场，每个光伏农场占地100亩①左右，建设电站规模为1~6兆瓦光伏。

安徽灵璧县光伏农场

灵璧县贫困村光伏农场，遵循“集中联建、集中管理、分村收益”的原则，按照统一借贷、统一还款、统一模式、统一管理的模式实施。统一借贷，是指光伏扶贫基金借入20%资本金，银行提供80%扶贫贷款（此项可根据当地政府筹集资金的能力优化调整）；统一还款，是指项目资本金和贷款均按15年或者20年等额本息方式还

---

① 亩为非法定计量单位，1亩≈667米^2。——编者注

款；统一模式，是指光伏农场统一按“智能光伏+特色农业”经营，确保光伏农场叠加收益；统一管理，是指光伏农场建设实施统一工程招标，统一按25年提供智能运维管理服务，确保光伏农场建设与运行质量和收益的稳定。

（二）主要做法

电站及收益。全县光伏农场电站场区及外线总投资约2.75亿元，建成并网后全县73个贫困村每个村均享受0.5兆瓦光伏电站资产收益，收益金额约为20万元。

以贫困村叶庙村为例，参照光照条件模拟测算，该村的0.5兆瓦光伏农场电站，年均发电约62.5万度[①]，以三类地区电价补贴0.85元/度计算，村年收益为53万元，年还本付息后能实现光伏净收益约20万元。这村20万元的电站收益，主要用作村集体公益岗位、公益事业以及村级奖补基金带贫，如建设村体育文化设施、设立贫困户家庭大学生激励基金、对三无贫困户直接进行经济扶贫等。

农场及收益：一个0.5兆瓦的贫困村村级光伏农场占地约15亩，考虑大棚种植、水塘养殖等高效农业产值，每亩每年约可收益5 000元，总收益实现净值约7.5万元。农民可以以土地或个人5万元的扶贫贷款资金入股，按比例分红。以扶贫贷款资金测算，个人5万元扶贫贷款资金入股，每年可分红总股本的10%以上，计个人收入为5 000元以上。

就业及收益。一个贫困村光伏农场可带动就业

---

① 度为非法定计量单位，1度=1千瓦·时。本书同。

约20人。电站的维护和清洁工，月收入250元，年人均收益3 000元。农场的固定工作岗位，人均工资每月1 000~3 000元，年人均收入12 000 ~ 36 000元。农场的季节工，在种植和收获季节，聘用贫困村民参加生产劳作，提供流动工作岗位5 ~ 20个，工资日结，按不同工种计60 ~ 260元/日。

公益岗位及收益。每村可设立10个公益岗位，人均工资每月约500元，年人均收益5 000元。

奖补基金与扶贫兜底补助。针对贫困户家庭大学生，设立村级奖学金，每人2 000元；“三无”贫困户扶贫兜底补助，每户3 000元/年。

中利集团的贫困村光伏农场扶贫，具有“光伏+农业+就业”的叠加扶贫效益。公司以创新技术，全面实现了“智能光伏嫁接大农业”的大型机械化耕种，在贫困地区将各类高效农业与光伏扶贫电站有机结合，在降低光伏扶贫电站土地使用面积近百分之四十的同时，提高了贫困村土地叠加收益，实现了由“输血”扶贫到“造血”扶贫的转变，达到了农业增产、农民增收、国家增税、利国利民的新高度，具备规模推广的价值。

三、三聚环保秸秆综合利用扶贫

三聚环保，是一家综合性能源服务集团公司，创新“秸秆炭化还田一土壤改良技术”。公司在国务院扶贫办以及中国扶贫志愿服务促进会的指导下，率先实践“企业组团、包县脱贫”理念，采用PPP模式，由政府和企业投资、农民入股，促进贫困地区农民增产增收。在这一模式下，贫困地区农民获得秸秆出售、劳动、土地流转、土地使用权入股和扶贫专项资金贷款五种收入，取得显著扶贫效益。到目前为止，共建设示范田326块，覆盖了黑龙江、内蒙古、宁夏、河北、河南等14个省份，涵盖了小麦、玉米、水稻、花生、甜菜、土豆、谷子等18种作物，实现了成型运作。以下介绍内蒙古科尔沁右翼前旗项目。

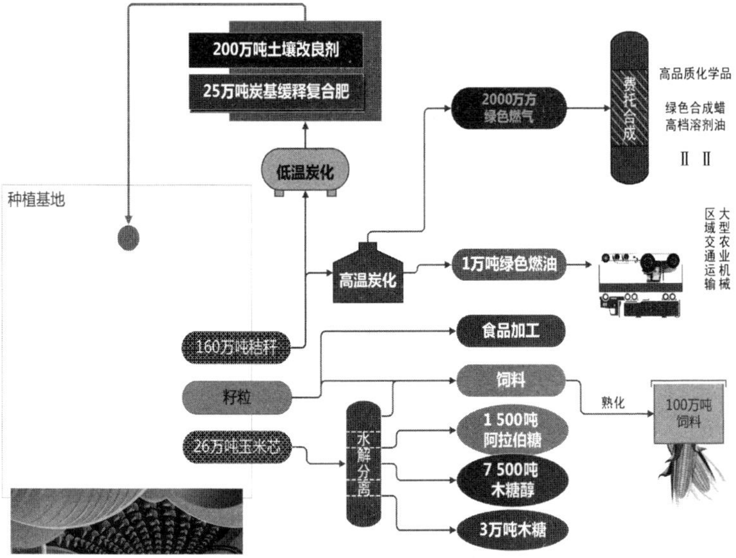

内蒙古科尔沁右翼前旗万吨级秸秆生物质综合循环利用项目运转示意图

（一）基本情况

三聚环保集团公司的内蒙古科尔沁右前翼旗项目，指的是三聚环保集团公司牵头，与爱放牧科技（北京）有限公司等企业组团，在中国扶贫志愿服务促进会的指导下，在内蒙古自治区兴安盟科尔沁右翼前旗建设的万吨级秸秆生物质综合循环利用扶贫项目。

项目占地面积100亩，建筑工程面积30 910平方米，包括生物质车间、复合肥车间、秸秆颗粒仓库、化肥仓库、办公楼等。设计安装秸秆预处理装置4套，秸秆炭化装置4套，生物质炭缓释复合肥装置2套，循环水厂装置4套。项目分为两期建设，一期计划2017年7月末投产，二期计划2017年10月开工，2018年底完工。项目全部建成后，年可处理秸秆6万吨，年产生物质炭缓释复合肥9万吨，副产物生物质炭0.3万吨。年可实现销售收入超2亿元，年均利润总额为3 762.28万元，年均所得税为1 003.54万元，年均税后利润2 821.71元，新增就业扶贫岗位170余个。

（二）主要做法

1. 采用PPP模式

项目由政府及企业投资、贫困农民入股形式，组建联合基金，共同打造完整的秸秆综合利用产业链，实现资源的量体裁衣、综合循环利用，促进贫困农民就业和分享产业红利增加收入。

2. 金融资金引导

爱放牧科技（北京）有限公司（以下简称爱放牧公司）与担保公司、保险公司联合，以合作社的形式向银信部门贷款，破解贫困户购买生物质炭缓释复合肥资金难题，再以回收秸秆的方式还款银信部门，从而实现公司和贫困户双盈利，见金融资金引导示意图。

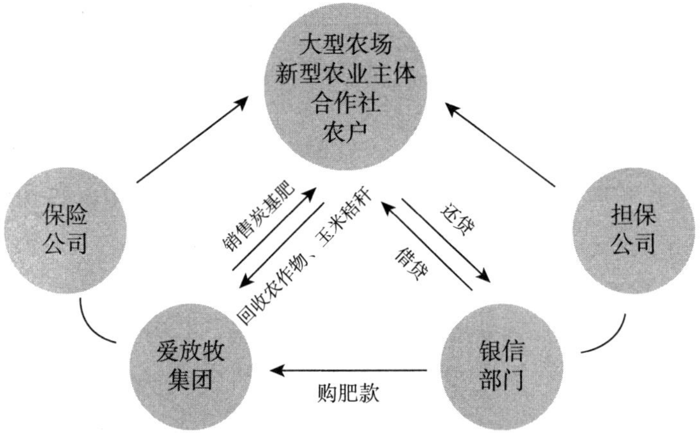

金融资金引导示意图

3. 分村建厂

结合内蒙古科尔沁右翼前旗的秸秆等生物质资源禀赋和贫困人口构成特点，以贫困村为单位建设秸秆造粒工厂，让建档立卡贫困村农民通过土地使用权入股、劳动就业、秸秆出售等方式，切实提高经济收入，实现脱贫致富。

4. 种植效益

以贫困户种植200亩玉米计算：一是购肥节约收入。200亩玉米所需炭基肥10吨，购肥款3万元，由爱放牧公司贴息申请贷款解决，一家贫困户一年节省利息约2 000元。二是增产收入。根据实验数据计算，使用炭基肥，每亩玉米增产10%~15%，200亩玉米一年增产增收10 000元以上。三是秸秆收入。200亩玉米产生秸秆80吨以上，每吨回收价格200~250元，每年增收16 000~20 000元。总计，一家贫困户一年增收3万~4万元。

5. 就业扶贫

项目建成后可新增贫困人口就业岗位170余个。按照当地用工成本，除去五险一金支付外，每人月工资2 500~3 000元，每个就业的贫困人口年收入3万~3.6万元。

6. 集体经济

本项目以农作物秸秆为原料生产生物质炭基缓释复合肥，实现了农业废弃物的综合循环利用，变废为宝，进一步提升了当地农业生产附加值，缓解了资源约束，减轻了环境压力，增加了地区整体经济实力，实现了精准扶贫的有效可持续发展。

三聚环保结合贫困县当地的实际情况，从贫困户手中将闲置的、利用率较低的、分散作业的土地流转过来，集中性规模化开发，并且对于农业种植中的炭肥采用当地定制生产的模式来种植有机绿色食品，同时对于这些有机绿色食品的种植采用保险期货的方式来为贫困户生产提供保障，从而真真正正地形成了规模化绿色种植，大幅度提升了贫困户产出农产品的附加值，从根本上缓解了贫困程度。

四、金秋傣药南药种植扶贫

金秋傣药南药开发有限公司成立于2016年，公司致力于傣药和南药的研发和种植，实施以中草药种植扶贫。公司目前在云南省西双版纳傣族自治州勐海县开发了中草药种植扶贫基地，面积近500亩，总投资500万元，主要种植滇黄精、三叉白及和滇重楼等中药材。公司计划在

2020年前，增加种植滇黄精、三叉白及、滇重楼、三七等名贵药材达到1 000亩以上。

（一）基本情况

金秋傣药南药开发有限公司充分利用西双版纳得天独厚的气候条件，致力于打造国内绿色、专业化的中草药种植产业基地，以发扬推广西双版纳独有的傣药南药文化。现在已实施的项目有三种。滇黄精，种植面积127.47亩（种植面积126亩，科技、生活区面积1.47亩），预计亩产滇黄精干品500千克，生长期3~4年，年产量为63吨。三叉白及，种植面积97亩（种植面积95亩，科技、生活区面积2亩），预计亩产三叉白及干品约250千克，生长期2~3年，年产量为23.75吨。滇重楼，种植面积50亩（种植面积49亩，科技、生活区面积1亩），预计亩产滇重楼干品150千克，生长期5~7年，年产量为7.35吨。

除了种植中草药，公司还准备在当地开发以中草药为主导特色的旅游，即中草药种植形成景观后，开展中草药特色文化旅游，以增加产业收入。整个项目建成后，年平均销售收入1 593万元，税后纯利润893万元，辐射带动贫困农户230户，惠及贫困人口5 000人。

（二）主要做法

公司通过“公司+基地+农户”的模式，积极开发种植中草药产业，吸收当地贫困户、农户人口就业，扶持当地贫困户、农户发展中药材种植，建立起长期巩固的市场需求供应及购销网络，以保证项目的投资效益和扶贫成效。

公司就业扶贫，现公司有45名人员，其中管理人员10名，中草药种植技术人员30人，销售人员5人，均为当地贫困户、农户人口。每个工人平均月工资2 500元，人均年收入30 000元以上。

基地劳动用工就业扶贫，现项目涉及的允龙村、曼挡村都属贫困村，农户主要种植水稻、玉米等传统农作物，具有空闲劳动力，公司在种植中草药的集中用工期，如植苗、施肥、拔草等，雇请村里劳动力劳动，每天收入80~100元。

贫困户、农户种植中草药扶贫，公司采用集中育苗，分发贫困户、农户分散种植，公司技术人员提供种植技术和管理指导，公司统一收购加工销售，带动贫困户、农户增加收入。项目建成后，辐射带动项目区贫困户、农户230户从事中药材种植。按每户中药材种植面积1亩计算（中药材品种主要为生长期较短、易于扶管的品种），年产中药材干品100千克，每千克市场均价为150元，则每户年均增收15 000元。

公司采用现代科学技术、现代管理方式改造传统中草药种植方法，以市场需求为导向，培植市场竞争力强的中药材产品，把产加销连成一片，实行区域化种植、专业化生产、企业化管理、社会化服务，延长中草药种植产业链，提高项目中药材种植产业的回报率，为贫困群众开辟一条中草药种植产业发展道路，加快当地贫困群众脱贫致富的步伐，繁荣乡镇经济。

第三节　农业产业扶贫范例的带贫机制与成效

任何一个产业扶贫项目的落地，都要看它最终呈现的带贫机制是怎么样的，是如何带动当地乡镇经济发展，如何与贫困户产生互动，带动贫困户脱贫的。扶贫不是养懒汉，只有真正让贫困户参与到项目的实际运营中来，维护贫困农户的长效利益，才能实现贫困农户的长久可持续发展，从而实现长效脱贫。

结合上一节中的两个项目案例，看一下他们的项目带贫机制和成效。

一、威县“金鸡工程”带贫机制与成效

2016年6月16日，河北威县农投公司的青年鸡场一区6栋存栏30万只鸡的标准鸡舍主体建设完工，交付威县德青源公司租赁运营，首批租金200万元随即支付给威县农投公司，由此，入社的4 424名贫困群众每人分得了首期300元的资产收益分红。项目全部建成后，将产生如下带贫效益：

1. 收益带动脱贫

2017年项目全部建成后，威县德青源每年向威县农投公司支付租金2 500万元，农投公司向农发行还本付息之后，剩余金额为1 062万元。分配如下：100万元用于

缴纳增值税。36万元用于专项建设基金分红。442万元用于提高4 424名入股贫困群众的兜底收入，每人每年分红收益1 000元。同时，这些贫困户以自有承包土地（每人2亩以上）入股合作社种植威县德青源的订单玉米，年亩均稳定收益在1 000元以上。这样合计每人每年稳定收益超过3 000元，高于国定贫困线标准2 855元。如果加上民政、医疗、教育、住房等政策扶贫，这些贫困人口基本能够实现“两不愁、三保障”脱贫。剩余的484万元分配给48个重点贫困村，每村每年10万元。每个村先拿出7万元设立6名公益岗（包含村级环卫、安保和养老护工等岗位），让有劳动能力的贫困群众通过力所能及的劳动创造增加收入，再留给每个贫困村3万元作为集体收入，用于扶贫公益事业的建设和维护。

2. 就业带动脱贫

一是威县德青源生态园专设150个爱心岗位，包括保安、保洁、保绿、门卫等，提供给建档立卡贫困群众通过就业创收；二是威县德青源协助乡镇集体创办物流公司和包装厂，创造600个就业岗位，并提供稳定的物流、包装订单，组织建档立卡贫困群众就业，通过劳动增加收益。

3. 带动产业升级

以威县德青源金鸡产业为样板，实施复制扩充，带动产业升级。威县已探索出了一条“园区带村、龙头带户、金融撬动、促农增收”的产业扶贫新路径，对全县贫困人口进行精准分类扶持，进一步将产业模式复制到宏博白羽肉鸡、君乐宝奶牛养殖、生态梨果种植、根力多生物肥土地托管、建坤餐饮蔬菜产业基地5个项目，使威县通过6个产业的带动，将资产收益精准扶贫项目覆盖全县所有贫困村和贫困群众。

4. 带动小城镇发展

借金鸡产业园效应，威县将毗邻金鸡产业园的固献乡沙河王村进行新型城镇化改造，把241户1 260名群众的沙河王村打造成“三产一体”的金鸡小镇。一产是玉米种植和蛋鸡养殖，二产是蛋品加工、清洁能源和有机肥料生产，三产是电子商务、现代物流和生态旅游，再配以“清洁能源＋电子政务＋新型民居”三大市政改造，打造以扶贫产业为依托的固献乡第一民生工程。

二、灵璧县光伏农场带贫机制与成效

我们再来看一看中利集团在灵璧县的贫困村光伏农场是如何带动贫困户参与到实际运营中来的。

以单个村级电站0.5兆瓦为例，按照国家2016年光伏补贴标准计算，在灵璧县平均一个0.5兆瓦光伏＋农业项目建设，总体投资约350万元（单瓦造价7元）。其资金来源构成为：基金借款20%、扶贫补贴30%、银行贷款50%（以下计算基金借款资本金利息按照7%计算，银行贷款利息按照5%计算）。

A. 贫困村光伏农场收入

光伏发电收益：1 100小时 × 0.85元/千瓦·时 × 0.5兆瓦=46.75万元；

高效农业收入：5 000元 × 15亩=7.5万元；

合计：54.25万。

B. 贫困村平均每年还本付息

在这样的情况下，年均还本付息21.96万元（15年）。

按20年收益期还本付息则为平均每年16.47万元。

C. 项目每年运维费

0.5兆瓦 × 0.08元/瓦，合计4万元。

D. 电费收益税费

D_1. 增值税：前4年投资进项抵扣不需缴纳，后16年平均每年8.57万元（因扶贫项目，地方留成部分可返还或免缴纳），年均6.86万元。

D_2. 所得税：电站收益用于扶贫，扶贫支出开捐赠收据，可不缴纳所得税。

综上，扶贫电站的20年平均可用扶贫收益：A-B-C-D= 54.25-16.47-4-6.86=26.92万元。

利用这部分收益，有效地形成了项目就业、资产性收益和村集体再次分配的带贫机制。

1. 项目就业带贫机制

每个0.5兆瓦的“贫困村光伏农场”可带动就业约20人，人均收益达到每月约250元，年人均收益约3 000元，合计每年总创造收益约6万元。具体如下：

（1）“光伏农场”电站的基本维护和清洁工作可提供约2个工作岗位，工资人均每月约500元，年人均收入约6 000元。

（2）“光伏农场”在农业种植过程中聘用当地贫困村民来进行生产劳作，实施全村土地“村企合作制农场”发展，可提供贫困农民固定工作岗位约1 ~ 3人，工资人均每月1 000~3 000元，年人均收入12 000~36 000；同时，在工作高峰期可提供流动工作岗位5 ~ 20人，工资日结，按不同工种60 ~ 260元 / 日；实现25年农场工资制脱贫致富，同时可以带动物流等相关产业的发展，提高综合效益。

2. 资产性收益带贫机制

在资产性收益带贫中，中利贫困村光伏农场分为以下两个部分：

（1）光伏电站。全县光伏农场电站场区及外线总投资约2.75亿元；建成并网后73个贫困村每个村均享受0.5兆瓦光伏电站资产及收益。以叶庙村为例，参照光照条件模拟测算每个0.5兆瓦的光伏农场电站年均发电约62.5万度，以三类地区电价补贴0.85元/度，年收益53万元，每年还本付息后能实现光伏净收益约20万元。

20万元电站收益，用作村集体公益岗位、公益事业以及村级奖补基金带贫，如建设村健身小广场，为村里人员提供锻炼、文化建设场所；设立贫困户家庭大学生激励基金，帮助更多的贫困学子解决上学困难；对于有劳动能力的贫困人员采取一些辅助就业脱贫措施，如设置村保洁岗位、文明宣导岗位等，进行劳动救助作业脱贫；对一些三无贫困户直接进行经济补助扶贫。

（2）农场。一个0.5兆瓦的村级光伏农场占地约15亩，考虑大棚种植、水塘养殖等农业产值，高效农业每亩每年约可收益5 000元，实现农业总净收入约7.5万元。农民可以以土地或个人5万元扶贫贷款资金入股按比例分红，5万元扶贫贷款资金入股每年可分红总收入的10%以上，约5 000元以上。

3. 村集体再次分配带贫机制

按照目前掌握的情况，村集体再次分配主要包括如下几项：

（1）每村可设立10个公益岗位，人均工资每月约500

元，年人均收益5 000元，合计共用扶贫资金5万元/年。具体如下：每个0.5兆瓦贫困村光伏农场设立农村保洁员3个、村民纠纷调解员2个、留守老人关爱员5个等公益岗位，每人每月工资在500元左右。

（2）建设村小型文化广场、村集体读书室等，丰富村民的精神文化生活，每年合计共用扶贫资金5万元。

（3）奖补基金合计共用扶贫资金每年10万元，针对贫困户家庭大学生，设立村级奖学金，每位2 000元，助其解决在校生活基本费用。

此外，对一些“三无”贫困户则直接进行经济扶贫，每户3 000元/年。

第三章

发挥生态优势，开发特色旅游

贫困村，通常有比较优势的自然文化资源禀赋，例如贵州、云南等地的贫困村。通过挖掘贫困村生态旅游资源，开展生态旅游产业，以增加贫困人口经济收入，进而实现脱贫，是“决战2020”需要深入挖掘探索的一种打法。

第一节　挖掘贫困村生态旅游资源

一、生态旅游的含义

生态旅游，是由国际自然保护联盟（IUCN）特别顾问谢贝洛斯·拉斯喀瑞于1983年首次提出的。1990年国际生态旅游协会（The International Ecotourism Society）把其定义为：在一定的自然区域中保护环境并提高当地居民福利的一种旅游行为。

我们结合实际工作，对生态旅游给出了四个方面的描述：

（1）生态旅游是以有特色的生态环境为主要景观的旅游。它是以可持续发展为理念，以保护生态环境为前提，以统筹人与自然和谐发展为准则，并依托良好的自然生态环境和独特的人文生态系统，采取生态友好方式，开展生态体验、生态教育、生态认知并获得身心愉悦的旅游方式。

（2）生态旅游是一个区域或一个保护区生态发展的重要内容，不仅对地区经济和社会发展有重要的促进作用，而且也是激励保护区进一步发展的动力。

（3）回归大自然，即到生态环境中去观赏、旅行、探索，目的在于享受清新、轻松、舒畅的自然与人的和谐气氛，探索和认识自然，增进健康，陶冶情操，接受环境教育，享受自然和文化遗产等。

（4）促进自然生态系统的良性运转。不论是生态旅游者，还是生态旅游经营者，甚至包括得到收益的当地居民，都应当在保护生态环境免遭破坏方面做出贡献。也就是说，只有在旅游和生态保护均有保障时，生态旅游才能显示其真正的科学意义。

生态旅游，是在一定自然地域中进行的有责任的旅游行为。为了享受和欣赏历史和现存的自然文化景观，这种行为必须不干扰自然地域生态、保护生态环境、降低旅游的负面影响，并为当地人口提供有益的社会和经济活动。

西方发达国家在生态旅游活动中极为重视保护旅游物件。它们在生态旅游开发中，避免大兴土木等有损自然景观的做法，旅游交通以步行为主，旅游接待设施小巧，掩映在树丛中，住宿多为帐篷露营，尽一切可能将旅游对旅游生态物件的影响降至最低。在生态旅游管理中，提出了“留下的只有脚印，带走的只有照片”等保护生态环境的响亮口号，并在生态旅游目的地设置一些解释大自然奥秘和保护与人类休戚相关的自然景观的标志体系，以及开展一些喜闻乐见的旅游活动，让游客在愉怡中增强生态环境保护意识，使生态旅游区成为提高人们环境保护意识的天然大课堂。

二、贫困村生态旅游的理性认识

贫困村生态旅游，在决战2020中有着不可替代的作用，应充分认识它的价值，推进其发展，为2020年全面脱贫贡献力量。

（一）如何理解贫困村生态旅游

贫困村生态旅游，是通过开发贫困村旅游资源，以带动贫困地区旅游产业发展，进而增加经济收入，实现贫困群众脱贫致富的一种旅游产业扶贫方式。我国目前推出的脱贫攻坚阶段的“十大精准扶贫工程”，其中包含旅游扶贫工程，明确旅游扶贫的帮扶对象是全国重点贫困地区和建档立卡的贫困人口。这表明贫困村生态旅游，在基本方向与途径上是与国家精准扶贫工程相一致的。但贫困村生态旅游，从立足点来说，更强调的是以旅游业作为产业业态之一，即从旅游业着手，整合优化当地的自然资源禀赋，因地制宜发展多种产业，从根本上改变生存状态，从而彻底摆脱贫困，实现小康；或者说，贫困村生态旅游，目标不仅仅在于脱贫，更在于在脱贫基础上致富、在脱贫基础上脱愚、在脱贫基础上实现长期可持续发展。当然，在目前阶段，贫困村生态旅游的目标，就是实现贫困人口的脱贫，这也是“决战2020”的基本决胜目标。

（二）贫困村生态旅游的价值

贫困村生态旅游，实际上是通过在贫困地区以发展旅游业的形式，带动其它产业的协调发展，达到脱贫致富的目的，这与我国大力发展旅游、大力发展贫困地区经济的要求是相辅相成的。另外，随着我国经济的进一步发展，地域经济结构优化调整将成为必然，尤其是那些地区经济严重封闭、经济发展水平很低的贫困地区更是如此。因此，在有条件的贫困地区发展旅游业，在本质上也符合我国地域经济结构优化调整的客观要求，是贫困地区经济发展结构转型的新探索。前面说到，贫困村生态旅游，不仅要讲求旅游业本身的效益，而且还要因地制宜，充分发挥旅游业带动功能，发展适宜本地区的其它产业，使更多的贫困地区、群众脱贫致富。因此，为配合旅游业的发展，就要对当地的产业结构进行调整，如围绕景区旅游的客观需要发展种植业、养殖业，开发以茶园、中药材园等为主的观赏性农业等。这样，在贫困地区实施贫困村生态旅游，就能更好地促进产业结构调整。

贫困村生态旅游，以旅游业为主导形式，具有地区自然优势资源的长久支撑，多种产业协调发展，目标明确、项目清晰，能够全面促进贫困地区社会发展，具有贫困人口受益面广、受益期长的显著特点。可以说，发展贫困村生态旅游，是对以往扶贫措施的一个创新性补充。

（三）贫困村生态旅游政策背景

我国的旅游扶贫，是随着我国旅游业的不断发展而不断丰富其实践和理论的。20世纪80年代前期和中期，一些距离市中心较近或紧靠重点旅游线路景点的贫困地区，积极探索开发利用自己的旅游资源，兴办旅游业，很快取得了脱贫致富的效果，产生了积极的社会影响。到20世纪80年代后期，“七五”计划将旅游业正式纳入国民经济和社会发展规划，一批贫穷落后、但拥有较高质量旅游资源的地区，得到了国家和地方计划内资金的扶持，开始了有计划的旅游资源开发建设工作，在旅游扶贫方面取得了大面积的丰收。这些成功的案例引起了旅游部门和理论界的重视，国务院扶贫办和国家旅游局自1996年10月起相继召开旅游扶贫会议，对旅游扶贫开发工作进行了专题研究和工作总结。

2009年，国家旅游局正式成为国务院扶贫办领导小组成员单位。2012年7月，国家旅游局与国务院扶贫办签署了旅游扶贫合作框架协议，确定了扶贫合作工作机制，明确了扶贫合作工作重点。2013年8月，国家旅游局与国务院扶贫办共同出台了《关于联合开展“旅游扶贫试验区”工作的指导意见》(以下简称《指导意见》)，进一步明确了申报范围和流程，为充分发挥示范带动作用，探索旅游扶贫新模式夯实了基础。

据有关资料显示，近10年来，国家旅游发展基金补助中西部地区发展旅游项目资金约17亿元，其中，贫困地区资金额约占50%。《指导意见》强调，要加强规划引导，重点补助老、少、边、穷地区旅游发展总体规划和重点景区专项规划。积极遴选各集中连片特困地区牵头省份，有计划分步骤地开展配套旅游专项规划编制工作。要注重人才支持，通过导游援藏、西部地区旅游局长培训班、旅游人才培训班、接受西部地区领导干部挂职交流等方式，为贫困地区培训旅游产业人才。为大力加强宣传推介，国家有关部门先后为江口县、毕节试验区、中西部落后地区提供免费参展机会，帮助宣传贫困地区旅游重点景区，提升贫困地区旅游整体形象。

2014年，国家旅游局把乡村旅游扶贫工作列为全局重点工作之一，启动实施贫困乡村旅游富民工程，组织各省(自治区、直辖市)旅游部门从全国832个扶贫重点县和片区县中挑选出6 130个具备发展乡村旅游基本条件的行政村，作为贫困乡村旅游扶贫工作重点村。

2014年11月3日，国家发展和改革委员会下发《关于实施乡村旅游富民工程推进旅游扶贫工作的通知》(发改社会〔2014〕2344号)指出，为贯彻落实《中国农村扶贫开发纲要(2011—2020年)》和《关于创新机制扎实推进农村扶贫开发工作的意见》(中办发〔2013〕25号)，明确由国家发展改革委、国家旅游局、环境保护部、住房和城乡建设部、农业部、国家林业局、国务院扶贫办负责实施乡村旅游富民工程，扎实推进旅游扶贫工作。

2015年，《政府工作报告》明确提出提升发展旅游休闲消费的工作任务。同年8月，国务院办公厅《关于进一步促进旅游投资和消费的若干意见》明确指出，大力推进乡村旅游扶贫，要加大对乡村旅游扶贫重点村的规划指导、专业培训、宣传推广力度，组织开展乡村旅游规划扶贫公益活动，对建档立卡贫困村实施整村扶持。要求2015年抓好560个建档立卡贫困村的乡村旅游扶贫试点工作，到2020年，全国每年通过乡村旅游带动200万农村贫困人口脱贫致富；要扶持6 000个旅游扶贫重点村开展乡村旅游，实现每个旅游扶贫重点村旅游年经营收入达到100万元。

这些政策，是开发贫困村生态旅游的基本依据和理论指导。

(四) 贫困村生态旅游的资源禀赋条件

贫困村开发生态旅游，必须有相对优势的旅游资源条件因素，并非是所有的贫困村镇都有适宜的旅游条件依托。换句话说，就是贫困村生态旅游的开发，应充分考虑其区位资源禀赋条件，如区位资源禀赋条件示意图所示：

区域1，是贫困村生态旅游最理想的地区，它不但具有资源优势而且具有明显的区位优势。这样的地区开展贫困村生态旅游，可以用最少的投入，在最短的时间内，取得最明显的效果。

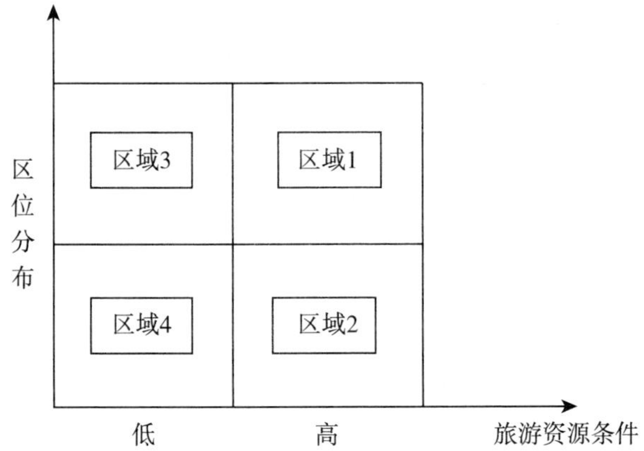

区位资源禀赋条件示意图

区域2，区位条件虽然不是十分理想，但其良好的旅游资源条件亦是发展生态旅游的优势。这样的区域，在国家积极扶持和地方政府的努力下，完善旅游设施和旅游接待条件，发展生态旅游，依靠旅游业脱贫的潜力也是巨大的，如张家界、丽江、九寨沟都是很好的例子。

区域3，有较为理想的区位条件，但是旅游资源因素一般，这样的区域仍然可以利用其优越的区位条件发展生态旅游。但这样的区域在进行贫困村生态旅游的规划时必须选准发展的基点，否则就可能使贫困村生态旅游的愿望成为一场空。从旅游扶贫的实践看，城市周边地区的贫困农村是有较好的区位条件的。这些城市周边的贫困农村，虽然没有什么旅游资源，但是区位条件极佳，这样就可依靠区位条件发展农家乐旅游休闲，达到发展旅游业脱贫致富的目的。随着双休日制度的实行，人们的生活、工作压力的增加，旅游消费观念的转变，乡村的田园生活为越来越多的城市人所向往。吃农家饭、看田园风光、体验农家生活已经成为一种旅游休闲的时尚。因此，城市周边的经济欠发达的贫困农村，完全可以借助农家乐旅游休闲，开发实施贫困村生态旅游。

区域4，既没有良好的资源禀赋条件，又不具备优越的区位优势，这样的贫困农村一般来讲，不适合通过贫困村生态旅游的途径来脱贫。

三、贫困村生态旅游的开发流程

贫困村生态旅游，包括自然旅游、遗产旅游、农业旅游、民族民俗旅游等，所有这些形式，都是依托贫困村的自然和文化资源本底进行的，这些资源多是无可争议的公共资源，因此，贫困村实施生态旅游应坚持收益分配的“人际公平”和“代际公平”原则。人际公平，指的是人们付出的代价和获得的报偿或利益基本公平。代际公平，指的是当代人和后代人在利用自然资源、满足自身利益、谋求生存与发展上的权利应基本均等。这两个公平原则就至关重要，这也是我们进行贫困村生态旅游必须下功夫解决好的必然前提。

（一）贫困村生态旅游开发的要求

总的要求可概括为“四化”。一是政府主导的合作化。贫困村生态旅游，政策性强，更加强调政府的主导作用，一般需得到省市级以上政府认定，还需新闻媒体、扶贫机构、旅游主管部门、旅行社等单位的共同支持。这种政府主导的合作化，可以大大降低生态旅游产业开发的成本，提高项目开发的成功率。二是目标设计系统化。由于贫困村生态旅游是政府主导，以解决当地建档立卡贫困人口脱贫致富为宗旨，所以，在贫困村生态旅游目标的制订方面，不但要考虑贫困村生态旅游的经济效益目标，还要考虑社会效益目标和环境效益目标，要达到三个目标的协调统一和最优化。三是开发对象人本化。贫困村生态旅游的出发点，是将旅游资源开发和贫困地区建设结合在一起，不仅要考虑旅游景观、旅游环境，而且要考虑到旅游资源地的贫困乡村建设，将生态旅游开发融入到当地的社会整体建设中，使当地村民成为生态旅游业开发的参与者和受益者，最终实现当地贫困人口的脱贫致富。四是扶持手段多样化。政府除了开发前期在资金上投入外，还要在后期的市场、管理、技术、政策等方面给予相关的支持。

由于客观环境、人才制约等原因，在贫困村发展生态旅游业，一般起步水平较低，村民自发的家庭旅馆、餐馆、购物摊点，质量难以有保证，规模也难以满足要求，适应不了日益发展的旅游市场需求。因此，贫困村生态旅游要有所突破，必须深化体制改革，引导农民由分散的个体经营向规模经营转变，建立跨村镇、跨行业、跨所有制的旅游集团公司或选择有经济规模的旅游企业来经营。

总之，要多手段并举，力促贫困村生态旅游业健康快速发展。

（二）贫困村生态旅游资源价值评价

旅游业开发，必须对旅游资源的价值进行评价。这既是开发的基本程序，也是确保旅游开发效益的必要手段。因此，确定贫困村生态旅游项目，也必须首先对该贫困村地区的旅游资源价值进行综合评价，包括旅游资源品味、贫困村经济状况、基础设施状况、旅游市场前景、开发投资估算等因素，要进行专业的技术经济分析，明确生态旅游资源开发潜力、项目开发投资条件等，以为贫困村生态旅游扶贫项目的立项提供科学依据，避免仓促上马，得不偿失。

（三）贫困村生态旅游目标系统的确定

在对贫困村生态旅游资源价值和开发条件进行综合评价的基础上，应结合当地的实际情况建立贫困村生态旅游的目标系统。贫困村生态旅游目标系统，应包括经济效益目标、环境效益目标和社会效益目标。

经济效益目标，主要从旅游资源开发的投资回报角度来分析计算，贫困村生态旅游开发虽然不是以最大经济效益为追求目标，但必须有合理的经济效益回报，这是贫困村以生态旅游实现脱贫的基本需要。因此，经济效益目标应有利。

环境效益目标，主要从旅游投资的可持续开发利用的角度来分析考虑，旅游资源开发必须与旅游资源保护和生态环境改造有机统一起来，以实现生态旅游资源的永续利用，促进贫困村地区生态旅游业的可持续发展。因此，环境效益目标应有益。

社会效益目标，主要是从贫困村生态旅游扶贫开发的根本目的来考量，应充分考虑生态旅游扶贫项目建成后，能为当地贫困人口提供多少就业机会，对产业结构调整有什么影响，对社会建设有什么改善等，总之，对相关社会效益的目标，要进行详细的论证评估。因此，社会效益目标应有效。

这些目标的确定，应进行多维面的测算，集思广益，做到科学性与可行性的高度一致。

（四）贫困村生态旅游开发规划的编制

贫困村生态旅游目标系统确定后，在旅游项目开发实施前，应首先编制贫困村生态旅游开发规划，包括总体规划和详细规划两部分。总体规划，应在突出项目特色的同时，紧紧结合各贫困村生态旅游资源特点，围绕该贫困村生态旅游开发的目标进行规划设计，将旅游资源开发与产业调整、社区建设有机结合起来，明确项目安排、实施进度、建设与管理宏观措施等，真正形成“旅游扶贫”的宏伟蓝图；详细规划，应在总体规划的基础上，突出生态化和乡土化特点，针对具体项目细化建设方案，把建设的问题症结找准确，给出科学可行的解决办法，为贫困村生态旅游扶贫项目建设提供基本依据。

（五）贫困村生态旅游项目开发的相关支持

贫困村生态旅游扶贫项目开发，需要借助各种外生资源来支持立项项目的建设与发展。外生资源支持可以有多种形式，一般包括资金支持、市场支持、管理支持、技术支持和政策支持等形式。

资金支持，主要是政府扶贫资金的投入、中国扶贫旅游产业联盟企业的投入等；市场支持，主要是在政府的引导下，依靠新闻媒体和旅行社的力量，发动宣传攻势，为旅游项目扩大组织旅游客源等；管理支持，主要是旅游管理部门和对口旅游扶贫企业，通过对贫困村生态旅游提供管理人才支援和给予员工培训等支持，提高贫困村生态旅游的管理和服务水平，增加贫困村生态旅游企业的经济效益和贫困人口的经济收益；技术支持，主要是在政府主导下进行贫困村生态旅游的信息化建设，运用先进信息技术和技术创新实施生态培育和环境保护等；政策支持，主要是税收优惠和返还，土地使用费、水费、电费的优惠措施等。

我们说，对于一个贫困村生态旅游扶贫项目来说，要想成功开发与建设，往往需要由多种外生资源同时支持，这是实施贫困村生态旅游扶贫项目开发建设必须解决好的环节。

四、完善贫困村生态旅游机制

目前，贫困村生态旅游还刚刚起步，还存在着管理不规范、信息传递渠道单一、整合协调乏力、要素参与不完整和监督评价缺乏等方面的缺陷，这就需要深入研究，不断建立与完善相关机制。从目前贫困村生态旅游实践看，主要应建立和完善贫困村生态旅游管理机制、信息传递机制、整合协调机制、有效参与机制和监督评价机制。通过建立和完善这些机制，有效配置贫困村生态旅游资源，有效利用贫困村生态旅游相关信息，激励贫困村生态旅游参与主体（如政府、旅游企业、贫困人口、社会团体等）的积极性，以促进贫困村生态旅游扶贫的可持续发展，进一步发挥贫困村生态旅游在贫困人口脱贫中的巨大作用。

（一）贫困村生态旅游管理机制

贫困村生态旅游管理机制的前提条件，必须是建立在健全的法律保障体系之上，因此，从基础和长远的角度看，国家相关部门应针对贫困村生态旅游制定和颁发相关法规制度，通过法规手段来确保贫困村生态旅游管理的合法、合规性，做到贫困村生态旅游管理有法可依，避免出现随意性。在健全法规保障体系的基础上，还要根据不同地区的实际情况进一步完善贫困村生态旅游管理机制。首先，要建立完善责任机制，明确政府在贫困村生态旅游中的角色定位及责任，通过对政府权力及责任的精确定位，规范旅游企业的社会义务和对于旅游生态环境的开发与保护职责，同时明确贫困村在生态旅游中的责任与要求，从而起到约束政府、企业和属地主体三方的作用，把贫困村生态旅游管理纳入规范化轨道。其次，要建立完善贫困村生态旅游奖励机制，以扶贫效果为基准，综合评价经济效益、环境效益和社会效益，对于贫困村生态旅游做出成绩的政府、企业和属地行政单位，给予精神表彰和物质奖励，进而推动贫困村生态旅游管理的健康运行。

（二）贫困村生态旅游信息传递机制

机制设计理论认为，任何机制的运行都需要有效的信息传递，而信息传递是存在成本的，因此有关机制参与主体之间的信息传递是越少越好，信息传递效率越高越好，信息成本越低越好。贫困村生态旅游信息传递机制，包括纵向信息传递和横向信息传递两个维面。

针对目前贫困村生态旅游信息传递机制存在的问题，应重点抓好如下措施：一方面应创新纵向信息传递机制，首先要打破纵向信息传递中多元决策、多头管理的局面，将分散于旅游、发改、扶贫、财政、民政等部门的贫困村生态旅游相关职能集中统一于旅游和扶贫部门；同时，将管理权限适度下放，以便各贫困县政府根据上级政策和实际自主决定贫困村生态旅游扶贫项目运行，减少信息纵向传递层级，提高信息传递效率。另一方面要创新横向信息传递机制，搭建贫困村生态旅游横向信息传递平台，为各民间社团、旅游企业等社会力量参与贫困村生态旅游提供便利，以不断提高社会力量在贫困村生态旅游脱贫工作中的作用。

（三）贫困村生态旅游整合协调机制

我们知道，管理机制理论强调在自由选择和自愿交换的分散化决策条件下，最好的方法是通过设计整合协调机制，来实现资源配置的最优化和信息传递的效率。针对目前贫困村生态旅游管理存在的诸多问题，要推动贫困村生态旅游健康发展，就必须要创新贫困村生态旅游整合协调机制。

首先，要整合协调旅游扶贫相关各部门的政策，将贫困村生态旅游与农业扶贫、教育扶贫、科技扶贫等扶贫形式紧密衔接，使得财税、产业、投资和金融等方面的政策相辅相成形成合力，实现生态旅游扶贫效应最大化。

其次，要整合协调包括资金在内的各类贫困村生态旅游资源，拓宽贫困村生态旅游资源使用渠道，实现旅游扶贫资源的有效统筹管理和调配，提高贫困村生态旅游资源的利用效率。

最后，要整合协调贫困村生态旅游各部门、各行业、各参与主体间的责任关系，充分发挥各参与主体在贫困村生态旅游中的积极性，实现各方利益的激励相容。

（四）贫困村生态旅游有效参与机制

贫困村生态旅游扶贫目标的实现，需要包含政府在内的各利益相关者的共同参与，只有建立和完善有效参与机制，才能激励贫困村生态旅游扶贫各利益相关者积极投入。一是要提高贫困人口在贫困村生态旅游中的参与程度，要切实赋予贫困人口参与属地生态旅游业开发的决策权、管理权、监督权与收益权，要提高贫困人口参与贫困村生态旅游权利的基本能力，提高贫困人口直接或间接参与当地生态旅游产业发展的比例，促进当地贫困人口从生态旅游业发展中真正获得收益。二是要提高社会团体在贫困村生态旅游扶贫中的参与程度，要充分发挥社会团体在贫困村生态旅游扶贫过程中运行高效迅捷、管理渠道明晰、弥补政府资源不足等方面的积极作用，使其与政府在资源配置方面形成优势互补，逐步建立起政府与社会团体相互促进、相互监督、互为补充的良性互动机制，形成政府主导、民间团体有效参与、运作透明、开放高效的贫困村生态旅游参与模式。

（五）贫困村生态旅游监督评价机制

贫困村生态旅游监督评价机制，是贫困村生态旅游机制得以有效运行的保障，它能够适时反馈机制运行过程中所产生的信息，及时纠正偏差，以确保贫困村生态旅游目标的实现。贫困村生态旅游监督评价机制作为一种反馈机制，有助于开发主体加强对贫困村生态旅游开发过程的控制，特别是通过社会团体、旅游企业、科研机构及贫困村的信息反馈，可以对政府部门进行有效的监督，促进其及时改进工作。贫困村生态旅游监督评价机制作为一种利益协调机制，可以使贫困村生态旅游规划实施的严谨性及效果的可评估性得以体现，还能使贫困村的群众、运营部门对经济效益的关注得以满足。因此，要将贫困村生态旅游监督评价作为贫困村生态旅游工作的重要组成部分，要通过建立行政监督评估机构、拓宽监督评价渠道、培育民间监督跟踪力量等措施来健全贫困村生态旅游监督评价机制。

具体而言，一是要加强对贫困村生态旅游项目的监督评价，要从贫困村生态旅游项目的可行性论证、项目的遴选、项目的审批、项目的实施、项目实施效果等方面强化监督。二是要强化对贫困村生态旅游资金的监督审计，要推行贫困村生态旅游资金的公示、公告和报贴制度，保证贫困村生态旅游资金在管理、分配、使用各环节的公开透明。三是要建立科学合理的贫困村生态旅游绩效考核体系，将项目遴选、项目规划、项目实施、资金使用、财务管理等环节全部纳入绩效考核范围，以严格的绩效考核推动贫困村生态旅游扶贫的发展。

第二节　贫困村生态旅游扶贫项目的基本样式

贫困村生态旅游，十八大以来呈现出兴旺发达的大好局面，既有在原有基础上进行优化调整的成熟样本，更有大量新生的贫困村生态旅游样式，这些样本样式为我们认识贫困村生态旅游扶贫提供了帮助。

一、野三坡的景区带村、能人带户

野三坡隶属于河北省涞水县，县政府采取景区带村、能人带户的贫困村生态旅游模式，选定景区周边68个贫困村中的30个贫困村作为实施贫困村生态旅游扶贫单位，通过制定一系列帮扶政策，真正实现了通过旅游产业脱贫。

野三坡具有独特的区位条件，作为太行山的龙头，地处太行山、恒山、燕山三大山脉的交汇处，自然资源禀赋得天独厚。这里群山逶迤，河川纵横，有数不清的历史遗迹，看不够的瑰丽风景，体会不完的文化积淀，享受不尽的休闲风情。随着“京津冀一体化”进程的加快和“美丽中国”的建设，野三坡人民用自己的坚韧和勤劳，走出了一条独具特色的贫困村生态旅游之路，不但留住了绿水青山，更创出了金山银山。

2015年的初冬时节，虽已是旅游淡季，但野山坡南峪村的乡亲们并没闲着，他们正在对一处旧宅进行改造，修建着木栈道和平台凉亭。村党支部书记段春亭介绍，村里的农宅旅游合作社对老房子采取了“公司+农户”的方式进行统一整修，将打造升级版的太行部落农家院，让游客吃农家饭、体验农家乡愁。

野山坡的松树口村，是野山坡生态旅游业开展较早的一个村。据统计，松树口村全村110户人家，有65户经营农家院，这个曾以玉米、杂粮种植为主，人均收入不足千元的贫困村，如今人均年收入6 000多元，已经完全实现脱贫。

南峪村和松树口村的变化，是涞水县贫困村生态旅游的缩影。最新数据显示，2015年，涞水县野三坡景区生态旅游接待游客350万人次，除旅游门票收入1.25亿元外，还创造社会效益12.2亿元。自2012年以来，累计带动涞水县减少贫困人口1.5万人。

涞水县松树口村

县政府按照村干部带动能力的强弱、贫困群众参与度的高低、可开发利用资源的多少、项目实施的好坏等标准，在选定的30个村的生态旅游建设中，采取了切实可行的措施。

针对一家一户的生态旅游建设，主要采取了以下措施：一是鼓励发展旅游农家院，根据旅游农家院补贴政策，对发展农家院的贫困户，按照其农家院的不同等级给予1万~5万元不等的补贴。二是鼓励发展设施旅游观光农业，对发展设施旅游观光采摘种植的贫困户，每建1平方米设施观光农业大棚给予15元建棚补贴，每亩流转土地还可获得1 000元流转费。三是鼓励发展旅游家庭手工业，对发展旅游家庭手工业的贫困户，每户给予财政补贴3 000元。四是对发展旅游产业的所有贫困户，给予3万~5万元贷款，县政府全额贴息3年。

当地农民就近在涞水县旅游扶贫产业园区内工作

针对生态旅游专业合作的建设，采取了四项基本措施：一是对成立旅游扶贫产业合作社、发展旅游扶贫产业园区的，县政府负责产业园区水、电、路全部配套建设。二是在金融担保贷款扶持上，对成立合作社建旅游产业园区且带动5户贫困户以上的，给予20万~50万元的扶贫担保贷款扶持；带动10户贫困户以上的，给予50万~100万元的扶贫担保贷款扶持；带动15户贫困户以上的，给予100万~200万元的担保贷款扶持；带动20户贫困户以上的，给予200万~300万元担保贷款扶持。县政府给予合作社担保贷款财政贴息，最长贴息时间不超过3年。三是对合作社发展旅游扶贫林果产业园区的，县政府给予每亩1 000元的土地整理、苗木管护费。四是对发展旅游家庭手工业合作社的经纪人，给予1万~3万元的奖励，对旅游家庭手工业业主给予1万~3万元的资金补贴。

旅游家庭手工业产品

针对生态旅游管理的建设，采取的措施是：县建立了贫困人口管理大数据系统，对从事生态旅游服务业的贫困人口建立脱贫标准。对发展农家院的贫困户，村成立农家院管理协会，按管理协会统计数据，年接待游客人数达到1 000人以上的农家院，为脱贫户；对加入旅游观光产业合作社、建旅游观光采摘园、休闲度假园的贫困户，以贫困户从合作社获取的收入为准，年收入达到2万元以上的为脱贫户；对从事旅游服务和家庭手工业的贫困户，以野三坡旅游管委会和家庭手工业合作社统计数据为准，年收入在2万元以上的为脱贫户。

由于建设措施得力，经过3年多来的扶贫攻坚，涞水县生态旅游扶贫成效显著，新建旅游农家院400家、旅游扶贫观光采摘园75个，新办旅游产品经销店120家，从事旅游业服务人员达2.5万人，选定的30个贫困村的贫困人口基本上脱贫。

二、木鱼镇的农家旅游主题社区

木鱼镇，是神农架林区的一个镇。神农架林区，北靠武当山，南接长江三峡，以原始森林、高山峡谷、溪流洞泉、珍稀动植物和野人之谜而闻名遐迩。神农架林区，是全国唯一以林区命名的行政区。它现辖4镇4乡、1个国家级森林及野生动物类型自然保护区、1个国有森工企业林业局。木鱼镇，即是其四镇之一。

神农架林区全区面积3 253平方千米。有森林面积1 618平方千米，活立木面积达2 012万立方米，有高等植物199科、2 671种，其中列为国家一、二级保护的树种有39种；有动物500多种，其中列为国家重点保护的有

50多种；有可入药的植物达2 013种。这样一个资源丰富、环境优美的地方，由于长期以林业为单一的产业，经济基础极其薄弱，社会经济发展极为缓慢，一直以来因没有找到致富的门路而成为国家扶贫的对象，林区里的工人为了生活，不得不违法砍伐树木、偷猎动物。

随着国家经济建设的迅速发展，张家界、银武、京珠和沪蓉高速公路相继建成通车，使神农架与西安、重庆、成都、武汉、长沙、郑州等大城市的距离进一步拉近。同时，随着长江三峡大坝的建成，上游水位抬升，又形成新的三峡景观；同时，新兴峡口和高阳旅游码头的通航，使神农架与长江三峡完全联结在了一起，这促使了神农架旅游资源大环境的形成。依据新的情况，神农架林区政府大胆探索，提出了建设农家旅游主题社区的贫困村生态旅游新模式。

神农架农家旅游宾馆

农家旅游主题社区这一模式的内涵是“农家旅游主题社区建设，核心是要把老百姓就业、致富的问题解决好。”他们的具体做法是：在旅游热点集镇划出土地，为散居的山民集中建房，一楼为门面，二楼用于居住。集中建社区节约下来的土地，每10户联营建一个农家旅游宾馆，形成一个既有人气又有旅游服务功能的社区。建设农家生态旅游主题社区的资金，以农民自筹部分资金，再加上政府担保贴息贷款的形式解决。

木鱼镇在神农架林区政府的支持下，借省级旅游度假区、湖北“一江两山”黄金旅游线、鄂西生态文化旅游圈建设的核心区位优势，大打生态旅游产业品牌，把“生态农家游”作为致富门路，吸引游客观田园风光、游山水景区、住农家庄院、参加篝火晚会、尝农家菜肴、听神农架梆鼓，把烤全羊、炟土豆等农家菜作为吸引游客的招牌，从而为贫困农民增收致富开辟了财源。以该镇的青天村为例，这个村从事旅游餐饮业的近30户，从事茶叶种植、养殖、果树及运输、茶叶加工等旅游配套产业的上百户，60%以上的农户已安装了宽带，90%以上的农户拥有了车辆，去年该村人均纯收入达到5 000余元。下面这组数据可以反映出木鱼镇的变化。木鱼镇1996年的财政收入是37万元，2015年已增到550万元；木鱼镇的人口从1 000多人，发展到现在的6 700人；过去木鱼镇的人，生活要靠政府救济，而现在年收入在10万元以上的有40多户，家庭资产在100万元以上的已有10户。如果要问这些变化从何而来，他们会十分高兴地告诉您是靠生态旅游产业发家、靠生态旅游产业致富。上面说到的550万元收入，70%都是生态旅游业做出的贡献；6 700人中有不少人是从保护区的核心区迁出来的。目前，这个镇直接从事旅游业的人员已达1 200多人，间接就业人员则达到3 000多人。

木鱼镇扶贫小额信贷工作培训会现场

开发生态旅游，最重要的是保护好生态环境。只有保护好生态环境，才能形成可持续的生态旅游产业发展，而只有可持续的生态旅游产业发展，才能可持续地为贫困人口增加经济收入，真正实现脱贫致富。神农架林区政府在发展贫困村生态旅游中，比较好地权衡了这种关系。因为发展生态旅游产业需要，居住在神农架核心景区的部分山民需要搬迁。如何让这些原本散居的山民享受到发展生态旅游的实惠，同时又能保护好生态环境获得稳定长久的收益，林区党委确立了在立足保护的基础上发展旅游产业，大力发展绿色产业，构建生态经济体系，建设生态文明神农架的建设方针，在以生态旅游业作为其支柱产业发展的同时，开始了神农架开发建设史上的战略大转移。经过努力，国家批准建立了神农架国家森林和野生动物型保护区，被联合国教科文组织列入人与生物圈保护网的地区，被世界自然基金会定为亚洲生物多样性保护示范点。生态旅游产业从无到有，并初步形成了游、行、食、住、购、娱相配套的具有一定规模的生态旅游产业体系。

到神农架旅游的人，都会发现这样一个事实，这里的生态环境优质，没有被污染的景区，山青水绿草肥花红；这里的人民富足，新房鳞次栉比，商店让人眼花缭乱，一片繁荣景象。不久前，国家旅游局领导到神农架林区考察，当他看到这些景象时，欣慰地说，神农架景区是世界知名的物种基因宝库，在这里发展生态旅游业，要严格贯彻生态环境保护基本国策，在精心保护的前提下搞好科学开发，使这块宝地造福当代、造福子孙。

木鱼镇按照神农架林区的规划和要求，既大力发展了贫困村生态旅游，又最完好地保存了原始森林生态系统。去年，该镇被湖北省政府确定为省级旅游度假区。

木鱼镇的农家旅游主题社区，在严格保护自然生态的大前提下发展生态旅游扶贫，对于贫困村开发生态旅游脱贫攻坚具有普遍的借鉴意义。

三、黄家村的瑶族生态风情旅游

黄家村，由黄家和上村两个自然村组成，全村1 095人，位于湖南省江永县兰溪瑶族乡东南面，两个自然村之间有片土地相隔，是一个偏僻的瑶族民族村，被称为勾蓝瑶寨，距今有1 194年的历史。黄家村，是一个国家级的贫困村，其中约一半人口外出务工，常住村里的人口多为留守老人、妇女和儿童。

2015年初，湖南省委组织部、省扶贫办确定该村为省民政厅的驻点扶贫村。扶贫队进驻后，通过实地考察和走家串户，得出如下两点结论：一是黄家村有山、有田，特别是该村地处在有“小西藏”之称的虎形山上，海拔高，气温低，日照长，气候宜人，而且土壤富含硒元素，这种特殊的地理环境，适宜种植果树，适宜富硒大米的种植，这是贫困村发展以生态旅游为主导的观光农业的良好条件。二是黄家村有独特民族风情，瑶族男女能歌善舞、热情好客，如此的人文情怀，适宜打造成瑶族特色文明生态旅游村落。总之，黄家村的自然和民俗生态，是一个适宜开发集观光、旅游、休闲为一体的特色文明生态旅游的村落。基于这样的调研和分析结论，他们与黄家村“村两委”进行了发展生态旅游实现脱贫的整体规划设计，制订了围绕生态旅游发展这条主线、大力进行产业结构调整、全面发展生态风情旅游、三年实现脱贫的计划。

黄家村特色生态文明旅游村落

有了规划设计和计划，他们即组建了旅游公司，经过两年运行，黄家村这个小瑶寨已显现出一个集观光、旅游、休闲为一体的特色生态风情文明村落。2016年1月29日（农历腊月二十），在崎岖不平的山路间，黄家村瑶族村民有的忙着赶墟选购年货，有的忙着磨豆腐、炸果子、包荷叶，一派喜气盈盈。特别是65岁瑶族老人何修养，笑得比谁都灿烂，因为他两个在外地务工的儿子将会带着新媳妇回家。何修养说："以前家里穷，屋子非常破旧，儿子带媳妇回来，结果都给吓跑了。"后来村上发展生态风情旅游，家里重新修补了危房，还建了水渠种了果树，日子是一天天好起来，所以他现在不再担心儿媳会被吓跑了。

在推进生态风情旅游的同时，扶贫队还大力推进富硒大米的种植探索，他们与湖南大学合作，成功打造出了"花瑶白水洞富硒大米"。为培育销售市场，打消农户产品卖不出去的后顾之忧，扶贫队还采取了针对性措施：一是在种植初期，采取众筹模式，实施订单式生产；二是充分发挥高校的学科专业优势，将成熟的种植、加工、销售产业链条交给村民运作。

正如扶贫队预想的那样，富硒水稻种植的发展，又吸引来了更多的游客，增加了旅游收入。现在，黄家村村民的一部分富硒大米产品，都在本村直接销售给了游客，既提高了地方特产的知名度，又降低了产品到市场的中间成本；尤其是一些老弱村民，不用出村就能出售富硒大米及其他农产品，既方便又有了稳定的收入，大大提高了经济效益。

2016年，在上一年的基础上，全村选择70亩优质梯田，由7户人家牵头成立合作社，扶贫队出资购买农资，免费分发给贫困村民统一进行富硒水稻种植，并对种出的合格稻米以高于市场价回收。湖南大学还将打造出的“花瑶白水洞富硒大米”品牌，连同技术、外观设计等内容授权黄家村集体，并同时提供技术帮助。

值得一提的是，扶贫队还组建了一个电商平台，通过“互联网+”模式，拓宽农产品的销售渠道。2015年，黄家村瑶寨的富硒水稻丰收，米价卖出了20多元的肉价钱。一年下来，首批试种的富硒水稻不仅产量大丰收，而且富硒米比过去普通米4元钱1千克的价格飙升了五倍多。同样一亩田，多增收了1 000多元。

在瑶族民俗风情的打造方面，扶贫队和村两委利用瑶乡既有的民俗文化，聘请专业教师包装了20余套节目，推出了定制篝火晚会，不仅有力助推了生态旅游，还为闲散人员就业和提高收入创造了机会。

瑶族民俗风情节目表演

黄家村发展生态风情旅游的成功经验告诉我们，贫困村发展生态旅游，首先要有一个科学的发展思路。风情民俗是资源，新的科学技术也可以是资源，关键是发现价值，用对了力。黄家村瑶族民俗风情、开发的富硒大米，将随着“互联网+”定制平台的完善，还会吸引到更多的旅游资源，同时，富硒米的生产还将会促使加工、物流、仓储等商贸企业加入，从而催生出自然生态旅游、有机农业、农产品加工、商贸、花瑶民俗文化等“一产带三产促二产”的贫困村生态旅游脱贫模式。

四、龙王坝村的旅游股份制

龙王坝村隶属于宁夏回族自治区西吉县，曾经是一个偏僻的小山村，这几年却成了各地游客争相光顾的好地方。山清水秀的自然生态环境，地道的农家特色美食，使该村获得了“中国最美休闲乡村”的荣誉称号。

从曾经一贫如洗到如今的脱贫致富，从靠山吃山到旅游富山，这个小山村和这里的贫困农民经历了巨大的转变。从前的龙王坝村，村民靠种几亩薄田维持生计，当时村里的建档立卡贫困户占到村里的70%以上，土路、破房、小土屋，家家不富裕，以前村里人娶个媳妇要扒层皮，但如今对这里的村民来说却大不一样了。村民焦炳兰的儿子一直在外打工，但最近儿子自己要坚持回到村里举行一场热闹的婚礼，他觉得龙王坝村的变化让他有面子，他骄傲地说：“以前的路都是土路，现在变成柏油路了，我们这的农家乐非常热闹，这些变化真是太大了。”近年来，龙王坝村打造乡村生态旅游业，农家乐生意源源不断，人均年收入比过去增加3万元左右。这对龙王坝村的贫困村民来说，确实是个巨大的改变。

这一巨大改变，正是依托生态旅游产业作为撬动精准扶贫的有力杠杆实现的，而且，不仅龙王坝村的贫困村民脱了贫致了富，还带动了周边村域的经济发展。而撬动这个杠杆的是扶贫能人焦建鹏，他的“能”是“能”在培育生态旅游资源，这正是难能可贵之处。自然生态资源优越固然好，但没有优越的自然资源，就甘愿受穷吗？这显然是不可取的态度。焦建鹏在龙王坝村给出了培育生态旅游资源的成功经验。

龙王坝村的焦建鹏大学毕业后，恰逢村里的林权改革，他看到电视上报道林下经济可以致富，便和几个八零后的小伙子一起，流转了1 200亩荒山和林地，成立了林下产业专业合作社，他说：“原来大家的传统思路，包括我的思路，都是旅游必须要放在一个特别有自然资源的地方去发展，有山有水有美景。但是，没有这些自然资源怎么办？我们认为，也可以变通创建、培育可供旅游的资源。比如，有了土地，有了林，就可以通过发展林下经济，实现种、养、观光产业，就可以发展旅游餐饮。有了这些农家的资源就够了，就可以发展生态旅游。”

在合作社的带领下，村民开始在林下放养生态鸡，种植油用牡丹，再用鸡粪发展大棚草莓，这样渐渐吸引了不少人慕名前去旅游。有了这个初步的基础条件，为了完善整个旅游产业链条，焦建鹏和他的创业团队决定，将这些资源整合起来，做大做强龙王坝村的生态旅游产业。他们与村民协商，让村民以林权入股的形式加入合作社，强化培育和发展观光、旅游、餐饮、民俗体验等为一体的乡村生态旅游，并发展了20家农家乐为游客提供住宿地，采用统一管理的形式，每月评分一次，得分高的农户可采用稍高的定价标准，促进农户提升农家乐的品质，形成良性竞争。农户加入合作社，还可以把自己家的房子、土地这些不动产折价作为股份，变成可以享受分红的资产，最终实现了一条大家共同赚钱的思路。

2014年，龙王坝村争取到扶贫资金等各类投资项目1 800万元，集中用于了农村道路、危房改造和荒山田埂绿化等基础设施建设，着力改善乡村生态旅游环境和硬件设施。在改善基础设施、发展林下经济、主推生态旅游的多重作用下，现在，该村近360户人家告别了低矮破旧的土屋，住进了宽敞明亮的新居。2016年村民人均月纯收入近4 000元。

龙王坝村的贫困村生态旅游，彻底改变了这个贫困村世世代代依靠种地为生的模式，很多人变成了龙王坝村合作社的产业工人。从小生活在龙王坝村的李俊强，自身没有文化，一家三口原来靠种地为生，是村里的贫困户。现在，一家三口都在旅游山庄打工，他主要从事开车、拉水、干零活等工作，他的父母年龄大了，主要在蔬菜大棚从事种植与管理等工作，一家年收入六七万元，生活质量、生活观念都发生了向好的巨大变化。由此我们看到，通过这种合作社与产业工人的关系，村民的文明素质有了较大提高，这正是扶贫扶智的预期效果。

龙王坝村发展贫困村生态旅游的经验，对于西北以及偏远地区贫困村发展生态旅游有着比较好的借鉴意义。正像龙王坝村一样，西北以及偏远地区贫困村的区位优势也不是很好，但可以因地制宜，挖掘潜力，创造资源。努力改变贫困村基础设施滞后、产业结构单一的现状，将林下经济、休闲农业、乡村生态环境有机结合起来，就可以打造发展乡村生态旅游的环境。同时，以股份制的形式，形成贫困村民稳定持续增收的有效机制，带动当地贫困户多渠道、多产业形式的脱贫致富，解决贫困人口脱贫不返贫的问题。

第三节　贫困村生态旅游项目的带贫机制与成效

根据国家旅游局和国务院扶贫办的意见，“十三五”时期，中国还将通过发展乡村旅游带动17%的贫困人口实现脱贫。国务院扶贫办副主任洪天云表示，国务院扶贫办将从扶贫开发的角度入手，进一步支持旅游扶贫工作，鼓励相关省市整合统筹扶贫资金和各项支农资金，采取各种方式，发展乡村生态旅游，到2020年，要通过乡村生态旅游带动全国约1 200万贫困人口脱贫。通过发展乡村生态旅游脱贫，关键是要有一个好的旅游带贫机制，达到良好的带贫效果。根据现阶段实际看，贫困村旅游带动农村贫困人口脱贫的方式和途径主要有五种：一是直接参与乡村旅游经营，如开办农家乐和经营乡村旅馆；二是在乡村旅游合作社或旅游经营业主户中打工；三是配合旅游出售自家的农副土特产品；四是通过为乡村旅游合作社流转土地获取租金；五是通过资金、土地入股分红。

下面通过两个带贫机制案例做详细介绍。

一、“能人+农家乐+贫困户”带贫

采取这种带贫机制的贫困村有很多，在旅游行业中有代表性的是天堂寨镇。

能人，是天堂寨镇的企业家黄守新，他是一个有意愿、有能力、有想法的企业家。他按照标准化经营观念，经过统一规划，创建了八湾八大碗农家乐，让农家乐结对当地贫困村民统一经营农家乐。每户农家乐，内设餐厅，一次可以同时接待几百人就餐，每家内设客房，床位20张左右。他们的农家乐共有21家。这21家店统一名称、统一品牌、统一菜系，正如游客所说，这里的21家农家乐，外观一样，但各有特色。据工作人员介绍，之所以规划统一名称、统一品牌、统一菜系，就是要让这21家农家乐店公平竞争，明码标价，打造诚信经营氛围。这一做法，主要是克服了过去农家乐单独经营、管理混乱、质量没有保障、接待难以形成规模等弊端。

农家乐+贫困户，即每家农家乐结对带贫困户5户，带的形式包括购所带贫困户的种植养殖的产品和用贫困户的劳力。我们在黄守新的第17号店的墙上，看到了一面“精准扶贫 旅游助力”的公示牌，上面有该农家乐结对帮扶贫困户的详细情况，包括帮扶他们销售蔬菜、土鸡、黑毛猪等农产品，并为贫困户提供保洁、勤杂等工作。经过我们分析测算，通过这样的帮扶，贫困户一年的收入可以增加10 000~13 000元不等。

天堂寨镇农家乐门面

有一天我们看到，17号店店主黄守新和他的家人，正在农家乐小院里准备饭菜。他帮带的贫困户张文明，昨天接到了购买他家养的土鸡和新鲜蔬菜的订单，今天他早早就送物品过来，接着就留下来帮店主干些杂活，而此时南京的某一旅游团队，正坐在黄守新的农家小院里，品味着瓜片和香茶，等待着地道的大别山土菜上桌。

张文明说："我腿脚不好，妻子是聋哑人，自从黄老板的农家乐与我家结对帮带后，家里养的土鸡供不应求，蔬菜也扩大了种植面积，脱贫的梦想也快实现了。结对带贫给我带来了实实在在的好处。"过去，张文明家仅靠他一个人养牲口、种庄稼维持生活，日子过得艰难。村里的农家乐开起来后，他成为黄守新家帮带的贫困户。张文明把自己养的禽畜和种植的蔬菜供应给黄守新的农家乐店，随着农家乐消费需求的增加，他扩大了土鸡喂养的规模，还在家附近新开辟了菜园地，种植时令蔬菜。现在，几乎每天他都能接到农家乐的订购电话。张文明每年仅供应的土鸡就能给他带来近10 000元的收入。他说："我有信心，很快就能脱贫了！"

"能人+农家乐+贫困户"带贫这一模式，目前在天堂寨镇得到进一步发展。天堂寨镇旅游景区的宾馆、农家乐、农家小院等旅游产业共帮扶结带了295户贫困户，帮扶成效显著。那么，这种帮带到底能给村里的贫困户带来多大收益呢？我们还可以再算一下用工的带贫收入，按照目前的农家乐数量，全村需雇用餐饮服务、清洁卫生等人员就业120多个。按人均月工资收入2 000多元，旅游旺季4个月，每人可收入8 000多元。有的岗位收入还要多得多，例如，安兴山庄为4户贫困户提供了景区经营岗位，户均增收2万元，景区为10户贫困户提供的景区公交车驾驶员、保洁员等岗位，户均增收也达到2万元。从一般帮带的贫困户看，向农家乐出售农副产品一项，户均增收也达到2 000元左右。

二、"燕溪堂"民宿旅游带贫

"燕溪堂"是燕溪堂光雾山店的简称，是中扶公司打造的首个民宿旅游扶贫试点工程。2017年3月28日，中扶公司提出"三年千宿百万"计划，即在"决战2020"的最后三年时间里，建设一千家民宿旅游店，带动一百万贫困人口减贫增收。"燕溪堂"就是这"三年千宿百万"计划的一个项目。

"燕溪堂"，位于四川省巴中市南江县境内，地处光雾山景区内，光雾山滑雪场旁，分两期建设并已完工，于

2017年4月28日开始营业。一期工程为9栋单体墅质民宿，其中8栋双拼，1栋独栋，共17间客房。二期工程为客房综合楼，共22间客房。整个“燕溪堂”民宿接待能力为39间客房，接待设施完善，设有餐饮配套，地理位置优越，环境优美。

“燕溪堂”民宿旅游店效果图

这个项目，在国务院扶贫办、中国扶贫志愿服务促进会、国家旅游局、中国革命老区促进会、各级地方政府部门的支持下，以精准公益扶贫为宗旨，在总结近30年高星级酒店经营管理成功经验的基础上，结合项目地区实际情况，创新精品扶贫民宿品牌，实现旅游扶贫升级和扶贫创新，以更好地服务于中国革命老区和贫困地区的人民和当地旅游产业的发展。

“燕溪堂”设施建立起来以后，中扶公司进行了扶贫机制设计。为了能够让贫困户真正参与到景区所带来的普惠性收益，中扶公司从资产、就业、再分配等方面，设计了以“景区带村”为核心要点的扶贫带贫机制模式。

“燕溪堂”民宿旅游店内部设施

1. 景区带村

燕溪堂光雾山店，是在光雾山这个主要景区内，根据当地的风景特色因地制宜开发的民宿旅店。开发这个民宿旅店，意在践行国务院扶贫办提出的“两带”理念，即景区带贫困村、能人带贫困户。中扶公司与四川南江县政府多次协商扶贫运行模式，确定了在景区周边村落内将贫困户的土地流转过来建风情民宿，每年按照协商约定支付给贫困户土地流转租金，同时，优先招聘一些有能力的贫困户人员，经培训在这些民宿内上岗，通过租金和就业给贫困村民增加收益。

2. 定向采购，免费培训

定向采购，是指定向采购贫困户参加的农业合作社的原材料。燕溪堂光雾山店预期一年的营业收入在150万~200万元，其中餐饮收入预估在30万元，原材料采购大概在20万元，这些原材料按质量要求向贫困人口参与的农业合作社采购。无论市场波动如何，燕溪堂都以市场价采购，同时对贫困人口进行收入保底的支持，即如果确定的价格低于市场价格，按照市场价格采买，在最大程度上将贫困户种植风险降到最低，让贫困户得到更大收益。免费培训，即对适龄的建档立卡贫困户的人员进行免费的职业培训。中扶公司积极贯彻国务院倡导的十大扶贫工程中的“职业教育培训”工程要求，利用燕溪堂光雾山店进行免费职业教育培训。公司选取合适的人员免费培训、免费吃住，培训结业，适合在店内就业的人员直接就业上岗。现有当地贫困户20多人，上岗服务员、洗菜员、保洁员等就业岗位。

3.返乡大学生培训机制

国务院精准扶贫十大工程中提出“致富带头人创业培训”，“十三五”脱贫攻坚规划中提出“乡村旅游扶贫中支持大学生返乡创业”，贯彻国家文件指示精神，燕溪堂光雾山店计划通过半年培育或是孵化返乡大学生成为店长，让他们有足够的能力支撑店内运营，从而带头脱贫并带动其他贫困人口脱贫，同时对能力出众的返乡大学生向店长创业方向进行职业培训。

4.完善旅游扶贫产业链

燕溪堂光雾山店践行精准扶贫十大工程中提出的“电商扶贫”精神，还精心设计了扶贫产业链措施。一是将贫困地区农特产品、优质手工艺匠人和“非遗”传人打造出来的精美的工艺品，包装成精美的伴手礼和用于店内装饰，旅客一旦下单消费，物品即可带走。二是雇请当地拥有手艺的贫困户在店内现场制作手工艺品，既能让游客欣赏店内装饰，又能让游客感受到所有的物品都是匠心制作的工艺精品，感受当地文化，增加商业售卖，带动不同年龄段人口增收。中扶公司还与中国手艺人协会合作，在每个月的第一周或是第二周的周末，组织匠人对文化传承进行现场宣讲与授课，不仅让游客满足了购物需求，也感受了老区的传统文化，以此推动这些工艺礼品销售，更好地起到帮扶的作用。

5.资产收益扶贫

目前贫困地区老幼病残、丧失劳动能力的无劳动能力人群占到50%以上，要想脱贫，就必须执行国务院的"五个一批"政策，落实社会保障兜底。中扶公司通过投资贫困地区旅游资源建设，使当地形成可经营性的优质旅游资产，从而产生持续性收益，资产属于投资方（地方政府、扶贫系统、社会资本），由资产产生的部分收益，捐赠于建档立卡的老幼病残、丧失劳动能力的贫困户，为无劳动能力人群起到兜底扶贫作用。目前，燕溪堂光雾山店已实现了将部分收益捐赠于建档立卡户，保障了近50个无劳动能力的贫困户兜底脱贫。

未来的燕溪堂民宿，还将践行精准扶贫十大工程中提出的"扶贫小额信贷"，采用政府担保贫困人口贷款方式，通过县委、县政府协调组成合作社入股形式进行，利益共享，燕溪堂民宿将确保以最低年收益8%返还给贫困户，助力贫困人口脱贫。

第四章

打通购销环节，推进消费扶贫

消费，是现代人类赖以生存的条件，包括生产消费和生活消费。本章所说的消费，是指生活消费。消费扶贫，是通过城市与贫困地区产品流通环节的疏通，实现城市与贫困地区购销关系的建立，让贫困地区的优质农产品进入城市居民的餐桌，让城市居民通过消费让利于贫困人口，增加贫困人口的收入，最终达到通过消费完成带贫的效果。研究消费扶贫的意义在于，调动社会各界通过日常的生活消费参与到带贫事业中，达成“动员全社会力量打赢脱贫攻坚战”的目标。

第一节 消费扶贫的内涵与价值

消费扶贫，是扶贫领域里的一个创新概念，要做的核心工作就是打通贫困地区农产品进入城市的通道，通过城市市民行使其消费选择权，优先购买贫困地区的绿色优质农产品，帮助贫困地区建档立卡贫困户通过劳动所得增收致富、摆脱贫困，使购买消费品的社会意义升级，谱写“人人愿为、人人能为、人人可为”的消费扶贫新格局，使消费扶贫社会化、常态化。消费扶贫的本质，用一句话概括就是“生态进城、财富进村”。

一、消费扶贫的内涵

本书研究的消费扶贫，是指通过特定的消费途径助力贫困人口脱贫的消费扶贫模式。主要以中国扶贫志愿服务促进会等社会扶贫组织为平台，以“互联网+”为基本手段，通过消费成员的普遍参与，形成消费生态圈，打通城市与贫困村购销途径“最后一公里”瓶颈，为全面建成小康社会做出努力和贡献。同时，通过消费扶贫，鼓励全社会成员的扶贫参与积极性，起到普及提升全社会助困公德意识的作用，进而共同营造和谐、健康、积极的社会生态氛围。

推动消费扶贫，旨在打造消费扶贫生态圈。这个生态圈，核心是消费链接扶贫，实施主体是消费者，行为形态是消费，消费者、企业、贫困人口三方形成闭合的良性互动。运行机理，是以精准定位拉动消费的同时促进贫困人口增收，传播消费扶贫理念。通过满足消费者、企业、贫困人口三方的个性诉求，构建一个“消费扶贫链”，通过日常的消费，引导、鼓励社会消费大众在面对同品类产品或服务时，优先选择消费扶贫品牌企业的产品或服务，优先选择消费贫困人口的农副产品，在不多花费的基础上积极助力国家的扶贫事业，同时通过消费者自主行使选择权又引导了企业积极履行社会责任，引导贫困人口通过努力劳动获取财富，这无疑是一个极有价值的消费扶贫生态圈。

对于消费扶贫内涵的理解，还可以从公益的角度进一步把握，基本的方面可以借下图做简要分析。

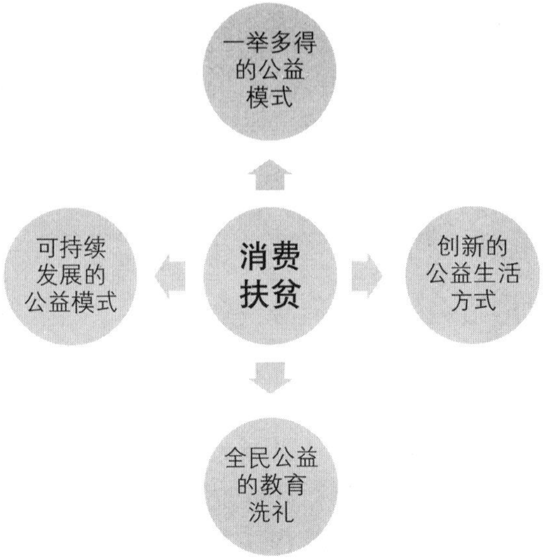

（一）一举多得的公益模式

消费扶贫，最大的特点是消费者在不多花费一分钱的基础上，结合自己的日常消费计划，通过购买有附捐行为的扶贫企业的产品或服务，购买贫困人口的农副产品，既满足了个人的生活消费需求，又播撒了减贫助困的公益爱心，从而帮助全国建档立卡贫困户摆脱贫困。

消费扶贫，倡导的是共享价值理念，它打破了传统扶贫模式中捐助方一味奉献、受助方只能被动接受的赠受心里定位。这一模式有多层的公益意义：一是扶贫企业的公益意义。成功的案例经验告诉我们，当企业将自身的战略规划与公益行为高度契合时，运用商业方法和工具实现公共利益和社会目标，把企业社会责任和企业自身战略联系起来，就可增大共同创造的社会价值和经济价值。消费扶贫品牌企业，通过消费扶贫的形式，可以发挥、继承、传播中华民族的优良品德价值，重塑消费扶贫品牌企业的公信力，让“善良、公益、利他”成为每个企业人的价值理念，从而增强企业的内生动力，刺激企业的良性发展，又可以引领企业领域里的正能量传播，扩散企业应有的社会责任。二是普通消费者的公益意义。普通消费者通过积极参与消费扶贫企业的产品或服务、消费贫困人口的农产品，获得自我身份的重新定位——消费扶贫志愿者，使个人价值得到社会认同，这样随着消费扶贫活动的延续发生，逐渐生成和培养消费者的社会公益意识，从而起到助力社会文明的作用。三是受扶贫困人口的公益意义。在消费扶贫中，很大一部分的消费品是贫困人口的农副产品，这些农副产品变成消费品后所产生的收益，使贫困人口成为社会建设者，通过劳动所得改变贫困、生发社会责任，从而彻底改变从属社会的弱势心理状态，进而改变中国社会的文明结构状态，真正实现伟大的复兴梦。

（二）一种创新的公益生活方式

消费扶贫，消费者所消费的商品以生活刚需产品为主，涵盖日常生活消费的各个范畴，由此形成消费扶贫链，消费者只要消费这些产品或服务就是在扶贫，这实际上也就形成了一种公益的生活方式。同时，消费者进行的扶贫消费，将会通过大数据记录其参与程度，进而通过一定的形式给予表彰。这样，表彰热心扶贫的消费者，就会唤起更多消费者对扶贫的认知，对消费扶贫理念的认同，从而扩大社会群体消费扶贫链，将使消费扶贫逐渐成为社会的一种生活公益方式，形成人人都在自己的消费圈内力所能及地支持国家扶贫事业。由此，在社会大范围内形成全国社会扶贫一张网，形成人人消费、人人扶贫的社会生活公益新风尚。

（三）一种创新的公益教育形式

这种消费扶贫的模式，如果从教育的角度考查，它还是一种较好的公益教育形式，寓消费于教育，潜移默化，无声胜有声。这种教育，无需极力说教，从个人、家庭到单位组织，只要消费就是在扶贫，这就降低了参与扶贫的门槛，将极大地鼓舞全社会对扶贫事业的热情，从而起到对社会公益意识的教育。通过这种教育，使人们意识到家国一体，从小家上升到大家，形成全社会关注扶贫、参与扶贫的巨大社会合力。这种教育融合于消费扶贫过程，在消费扶贫过程中，传播公益新理念，澄清公益与慈善的误区，发扬传统文化中的扶贫救弱精神，鼓励企业、社会组织、每个社会成员积极践行社会责任，宣传公益领域内相关法律法规，从而达到提升全社会公益教育的目的。

（四）一种可持续的有效扶贫创新范式

扶贫公益，最大的难题是可持续性。而消费扶贫从两个方面较好地解决了这一难题。一方面是扶贫资源来源的可持续，消费扶贫倡导品牌企业和个人量力而行，企业扶贫捐赠额度以消费者消费能力为基础，最终捐赠额与消费者消费水平和企业的经营能力一致，不额外增加扶贫企业和消费者负担，因此这在客观上就增加了扶贫资源的可持续性；另一方面是扶贫时间的可持续，对于扶贫品牌企业来说，通过社会消费行为给予扶贫企业所产生的效益将远远高于普通同业类企业的经营效益，而扶贫品牌企业通过积极参与扶贫公益，还能得到社会广泛认可，更加有效地达到营销效果，节省营销费用，从消费者角度看，非但不增加任何消费成本，还可获得社会的正向认识，也就可以长期参与此项活动。有了资源可持续，有了时间可持续，扶贫也就可以“细水长流”，持续有效地进行。

二、消费扶贫的价值

前面说到，消费扶贫旨在打造消费扶贫生态圈。这个生态圈，实际上还是一个以“人人公益，轻松公益”为核心的共享价值体，它引导消费成为全民参与扶贫的公益新生活方式，使社会大众主动积极参与这一正向活动，让每一次消费选择都能为改变贫困做点滴贡献。在这个共享价值体内，通过消费，实现扶贫有我、有你、有大家，聚微爱、汇成海，兄弟姐妹一家人。

这一颠覆性的消费扶贫新模式，其价值主要体现在三个层面：

（一）社会价值

2015年11月27日，习近平总书记在中央扶贫开发工作会议讲话中指出："脱贫攻坚已经到了啃硬骨头、攻坚拔寨的冲刺阶段，必须以更大的决心、更明确的思路、更精准的举措、超常规的力度，众志成城实现脱贫攻坚目标，决不能落下一个贫困地区、一个贫困群众。"这既是一个伟大的战略目标，也是全体中国人的伟大梦想。建设美丽富裕的中国，筑造每个人的中国梦，需要全社会力量的共同发力，只有全社会共同努力，才能不让因各种因素而依旧贫困的兄弟姐妹们掉队。

消费扶贫，就是"动员全社会力量打赢脱贫攻坚战"的有益尝试，让民众、白领、明星、企业家、专家、学者、公务员等不同角色的社会大众，都能通过普通生活消费的方式凸显带贫效果，以传承中华民族的助困济贫优良品德，让"善良、公益、利他"成为每个人的社会价值认同。

消费扶贫，将依托中国社会扶贫网，一方面连接建档立卡贫困户，通过挖掘贫困地区产业资源，拉动贫困地区产业经济可持续发展；另一方面连接全社会的爱心消费资源，帮助贫困的兄弟姐妹们增收增入，以及在科教文卫方面得到大幅度的改善和提高，获得社会发展机会，提供一个家族复兴的希望，斩断家庭贫困的代际传递，增强社会的和谐稳定。

（二）企业价值

金融经济学家给企业价值下的定义是：企业的价值，是该企业预期自由现金流量以其加权平均资本成本为贴现率折现的现值，它与企业的财务决策密切相关，体现了企业资金的时间价值、风险以及持续发展能力。扩大到管理学领域，企业价值可定义为企业遵循价值规律，通过以价值为核心的管理，使所有企业利益相关者（包括股东、债权人、管理者、普通员工、政府等）均能获得满意回报的能力。显然，企业的价值越高，企业给予其利益相关者回报的能力就越高。而这个价值是可以通过其经济定义加以计量的。随着社会的发展，消费者对企业所赋予的社会价值有了更加多样化的衡量，使得企业价值与企业是否有社会责任有着直接紧密的联系。

哈佛商学院教授迈克尔·波特指出，没有一个企业有足够的能力解决所有的社会问题，它们必须选取和自己业务有交叉的社会问题来解决。而选取的关键也不是看某项事业是否崇高，而是看是否能创造出共享价值——既有益于社会，也有利于企业。在消费扶贫联盟内，消费扶贫品牌企业通过主动担当社会责任、反哺社会的行为充分体现其企业价值。主要体现在以下四个方面。

一是创造品牌差异化。消费品行业竞争激烈，在当前产品同质化日趋成为常态前提下，消费者的消费选择权对于一个的企业发展至关重要。消费扶贫的核心价值体现在让消费者主动成为生活消费品的倡导者，从而帮助企业建立品牌差异。在产品和功能相似的前提下，消费者更愿意购买与公益相关的产品，更有消费者会因为公益因素而更换品牌。因此，参与消费扶贫的品牌企业，就能够在同类市场中获得以消费者为主导的差异化品牌优势。

消费者作为消费扶贫志愿者，在选择同质化产品时会优先考虑消费扶贫品牌企业的产品或服务，这就降低了对该品牌企业的商业推广排斥，两者之间的融合度是其他竞争品牌企业所无法企及的。消费扶贫创造了企业在消费者心中的价值，提高了其认同度、复购率，并通过消费者主动推广企业品牌，最终品牌代替品类，使扶贫企业成功占领消费高地。

二是树立企业公益形象。消费扶贫品牌企业参与消费扶贫，是将企业战略与国家战略高度结合的良好契机。消费扶贫旨在引导向善、号召公益，让消费扶贫成为全民参与公益的便捷途径，使扶贫品牌成为全民信任的消费公益品牌。所以，企业加入消费扶贫，有助于企业践行社会责任，增强企业公信度和品牌客户忠诚度，从而能够打造企业的公益形象。

三是激发企业内生动力。将公益融于企业运作的方方面面，这对增强企业员工的凝聚力和提高员工对企业的忠诚度将起到积极的作用，更能激发企业团队的工作责任感和工作积极性。今天的阿里巴巴公司作为互联网巨头企业，“公益”已成为其企业脚注。在阿里巴巴公司，普通员工都可担任“公益合伙人”一职，他们将决定阿里巴巴每年数亿元的公益基金如何使用。此外，阿里巴巴公司还将公益纳入员工考核，推出阿里巴巴员工“每人每年3小时”的公益理念。因此说，消费扶贫品牌企业员工作为企业主体力量，是保障企业正常运转和创造企业价值的关键，通过参与消费扶贫，使企业员工在扶贫活动中唤醒善心、懂得感恩，就会增强员工凝聚力、归属感，从而激发企业内生动力。

四是为企业搭建资源共享平台。中国扶贫志愿服务促进会等社会扶贫组织为消费扶贫品牌企业搭建志愿服务平台，这些平台拥有强大的消费需求信息和生产资源信息，将跨行业、跨领域的热心于扶贫的品牌企业和消费者个人与建档立卡贫困户链接起来，实现优势资源可视与共享，这就使扶贫企业生产与发展彻底消除了资源分割迷雾。

同时，志愿服务平台还将打通消费扶贫品牌企业与上下游企业的良好关系并建立信息渠道，以充分发掘行业新商机。消费扶贫品牌企业可寻找同样拥有强大流量入口的企业，强强联手，共享资源，深度服务客户，为各自客户提供便利，还可提供更多的跨界体验，使客户得到单一企业所不能给予的便利与一站式服务，品牌企业合作伙伴也将受益于更广阔的商业生态系统。

除上述资源互通外，消费扶贫品牌企业还将共享消费扶贫品牌的推广资源。扶贫品牌企业与“消费扶贫”公益宣传进行捆绑营销，有机会参与每年10月17号的中国扶贫日系列宣传推介活动，与明星名人、名企代表、公益人士集体亮相国家级扶贫日活动，参与年度扶贫公益事业表彰总结，从而增强企业社会认可度与美誉度。

（三）个人价值

个人价值，包括个人的个体价值与个人的社会价值。个人的个体价值，一般理解为个体的价值与尊严，以及外界对个体的看法与认同度。个人的社会价值，是指个人通过自己的实践活动为社会的发展需要所做出的贡献。

消费扶贫作为一个社会公益平台，通过把参与者的诉求点公平有效的串联起来，实现消费扶贫志愿者与贫困人口的个人价值。

一是消费扶贫志愿者价值。参与消费扶贫的消费扶贫志愿者，即扶贫的消费者都有一颗扶贫助弱的初心，在通过自己的力量帮助他人的同时，个人也向社会展示更多的正能量，用公益的行为影响更多人。即便是社会的普通民众消费者，通过积极参与扶贫消费活动，不但起到了传播消费扶贫理念的作用，还将获得了自我身份的重新定位——消费扶贫志愿者，从而得到社会认同，并逐渐成长为公众人物、扶贫事业公益者。

二是消费扶贫的贫困者价值。消费扶贫的贫困者，就是建档立卡的贫困人口。消费扶贫，通过消费建档立卡贫困户的农副产品，激励贫困者通过自身劳作，积极向上面对生活贫困，通过平等、尊重、协作的消费扶贫方式，使贫困者重新认识自身的价值。劳动改变贫困，劳动改变家族命运，劳动助力社会建设，劳动为国出力，这样就会彻底改变过去慈善捐助所带来的贫穷人口的卑微弱势心态。贫困人口的这种个体价值和社会价值的产生与成长非常重要，它将是社会生态大提升的基础。

第二节　拓展多维消费扶贫模式

在消费扶贫中，消费者是消费扶贫的存在基础，是消费扶贫的不竭动力来源，消费者通过行使消费选择权，来选择扶贫企业的产品或服务，消费建档立卡贫困户的农副产品，引导企业决策和生产，帮扶贫困人口脱贫致富。在这一消费扶贫链中，消费扶贫品牌企业是消费扶贫的重要产业来源，通过消费扶贫打通了城乡购销渠道，利用购销中产生的利润反馈来解决扶贫最关键的项目筹资问题。凡是符合生态进城、财富进村，打通城乡购销渠道并且将一部分利润反馈给贫困地区、贫困人口的商业运作模式，我们都可以称之为消费扶贫模式。

下面我们分述几个不同领域不同形式的案例，用以展示和分享消费扶贫。消费扶贫这一创新性的扶贫模式，还刚刚起步，介绍这些案例，只为相互启发借鉴。

一、海尔"田觅密"消费扶贫

"田觅密"，是冰箱业的龙头企业海尔集团特别为扶贫设计开发的一款智能冰箱的名字。这款智能冰箱，内嵌集产品采购、健康养生于一体的智能系统，在国内处于领先水平。

海尔集团的智能冰箱技术已经比较成熟，他们认为，随着生活水平的日益提高，一线城市中大部分消费者家中的冰箱都基本处于更新换代的边缘，所以智能冰箱市场需求潜力有巨大空间。同时海尔集团也深信，随着经济的发展，生活水平的提升，城市对有机、绿色、营养价值高的农副产品的需求会越来越高。这样，把一线城市对智能冰箱和对有机绿色农副产品的需求潜力捆绑起来，就生成了开发“田觅密”智能冰箱用以扶贫的创意。我们说，这个创意非常有价值，既响应了国家扶贫战略，又可以迅速推动企业的产品升级并占领市场。

目前，海尔集团已在北京开展活动试点。他们的做法是：只要消费者在1年内消费6 199元来购买贫困地区建档立卡贫困户的农副产品，海尔集团即赠送1台“田觅密”智能冰箱。

我们知道，目前市场上一台中高端的智能冰箱价格在6 000 ~ 10 000元，那么，海尔集团为什么确定6 199元这个价位呢？这是海尔集团经过社会调研后的一个科学计算。根据调研数据显示，一线城市一个普通收入（月均10 000元左右）的家庭，每月用于采购商超食品的支出基本在550元左右，这样全年算下来的支出就是6 600元。所以，用于支持扶贫的“田觅密”智能冰箱，定在消费者1年消费6 199元这个基数，就有了可靠的可行性支持。

贫困地区的农副产品，通常受到的污染比较轻，所以具有有机、绿色的比较品质，在一线城市有着广阔的市场潜力，经济价值巨大。目前海尔集团正在与各贫困地区政府、金融投资机构合作成立股份制的专业合作社，贫困户将种植、养殖资源入股，各方按比例享受收益分成。贫困户的收益由专业合作社统一发放，地方政府全程监管。贫困户的收益由四部分组成：

第一部分是农副产品销售收入。按照项目约定，通过专业合作社，贫困户将产品直接卖给消费者。传统销售模式下的中间商（批发商、经销商、零售商）加价费用都将让利于贫困户，销售收入会大幅度增加。

第二部分是零成本下实现产业升级再造。专业合作社将无偿向贫困户进行种养技术指导，使贫困户直接免去了人力、物力、财力的投入，就使得到的农副产品全新升级，提高了产量和质量，这对于贫困户来讲无投入、零成本就实现了增产增收。

第三部分是产品的销路有专业合作社负责。贫困户无需花费精力去寻求销路，只管按量保质生产即可，按提供产品的数量享受收益分成，这实际上是减轻了精力投入，确保了农副产品稳定收入。

第四部分是产业升级再造后，以标准化、规模化的产业链生产农副产品，合作社还会高薪聘请经验丰富的贫困户参与到产品质量监管、衍生品研究等产品延伸链中，获取相应的技术和劳务等的收入。

二、京东电商消费扶贫

京东的电商消费扶贫，实际上是涵盖“培训→金融→农资→安全→运输→销售→品牌→招工”等八大环节的一个帮扶贫困的体系，主要包括产业扶贫、用工扶贫、创业扶贫和金融扶贫四大战略措施。从消费扶贫的角度看，重点是打通贫困地区“农副产品进城”的通道，以农副产品、生鲜冷链物流为突破口，帮助贫困地区的优质农副商品以最快的速度传送到城市百姓的餐桌上，以带动贫困地区脱贫。

京东创立了“一村一品一店”模式，通过为贫困地区开辟线上“中国特产”频道、地方特色馆等形式，助力地方自有品牌的建立。“十三五”期间，京东将与贫困地区各级政府部门及合作伙伴一道，致力于打造50个“互联网+扶贫”示范区，树立200个贫困县示范试点，建立200个贫困地区线上地方特产馆，在25 000个村打造“一村一品”生态。资料显示，截至2016年第一季度，京东电商已有30个贫困县的特色馆上线，如贵州丹寨馆、黑龙江兰西馆、安徽岳西馆等。

京东的用工扶贫，主要是面向建档立卡贫困家庭提供用工职位。从2016年初开始，京东在全国七大贫困地区启动了扶贫招工计划，截至目前已在近30个县完成招工，包括河北滦平、河南沈丘、陕西延川、四川苍溪、贵州丹寨等。2017年又拿出5 000个用工指标提供给扶贫县政府部门，以陕西延川为例，2017年4月11日，京东与延川县人民政府签署合作协议，面向建档立卡贫困家庭提供用工职位，一经录用为正式员工即可签署劳动合同、享受五险一金员工待遇，并成功组织了扶贫用工招聘会，到场应聘者非常踊跃，约300人参加面试，并有99人通过面试，将根据岗位规划逐步安排在京东配送、仓储等岗位入职。

面向农村特别是贫困农村市场，京东于2015年提出了“3F”战略，即工业品进农村（Factory to Country）、农村金融（Finance to Country）和生鲜电商（Farm to Table）。通过“3F”战略，力求在贫困地区逐步构建从城市到农村的新型销售网络、提供面向农村特别是贫困农村的普惠金融服务和建立从农村特别是贫困农村到城市的农副业品直供渠道，通过缩短城市与农村特别是贫困农村的消费距离，消除城乡的价格歧视，推进消费扶贫的发展。未来还在惠及城市和贫困人口的生产者和消费者的同时，逐步解决贫困户买好东西难、借款贷款难、贫困户赚钱难的“三难”问题。特别建设了下沉到县级以下市场的县级服务中心、乡村推广员体系，优先招聘当地的建档立卡贫困户人员，希望通过一人就业来带动全家脱贫，并有意培养贫困人口的创业意识。截至2016年11月底，京东已经在全国建立了1 700余家县级服务中心，发展了近30万名乡村推广员，服务28万个行政村。

三、绿山公社消费扶贫直通车

绿山公社消费扶贫直通车，是由北京绿山公社网络科技公司，在中国扶贫志愿服务促进会指导下开创的一种新型消费扶贫模式。这一模式的主要做法，是整合贫困户优质农产品资源，鼓励贫困户夫妻档通过参与“消费扶贫社区直通车”项目“带车创业”，实现将贫困地区的农副产品送入城市居民的社区中，最大程度降低创业成本，实现扶贫开发工作轻资产运作。

消费扶贫直通车这一设想，以“互联网+移动菜篮子”创新模式，意在架设一条全国832个国家级贫困县优质农副产品直通“北上广深”一线大城市社区餐桌的特殊通道，迎合生鲜产品同城冷链物流的发展趋势，链接原产地贫困家庭农副产品，借助“消费扶贫”方式完成当前国家大扶贫的战略使命。

消费扶贫直通车计划，于2016年年底从北京市起步，3～5年覆盖全国省会以上城市，通过消费扶贫平台的“社区直通车”项目，打造一个全新的生鲜消费扶贫O2O新业态，有力地支持贫困村贫困户的增产增收。

消费扶贫直通车，致力于通过商业方式实现可持续精准扶贫。中国扶贫志愿服务促进会于2017年1月成立了“消费扶贫工作组”，负责整体推进和运营管理。同时，工作组还发动了一批企事业单位、相关机构和个人参加，以充分发挥社会力量、行业龙头企业、名人专家的影响力，引领全社会参与消费扶贫，使消费扶贫社会化、常态化。通过消费扶贫直通车项目，吸纳有能力的贫困户成为消费扶贫直通车农产品的配送员，使贫困户获得一份稳定的工资性收入。贫困户作为消费链的供应商，通过消费扶贫直通车，打通农副产品进入城市的通道，把农副产品直接供应给消费用户，增加贫困户的经济收入，让贫困户依靠自身的劳动获得有尊严的收入。

2017年8月，绿山公社消费扶贫直通车与北京国安社区合作，成功开通了“北京—河北阜平县”的消费扶贫直通车。通过阜平县电商中心的多次对接与洽谈，国安社区专门组成了阜平扶贫小分队，确定了该项目的具体落实方案。并且在电商中心的支持和协助下，多次到阜平当地进行深入细致的调研、选品等工作。经过近三个月的共同努力，阜平大枣、酸枣汁、红枣醋等当地特色农产品目前已入驻消费扶贫直通车平台，通过国安社区线上平台和覆盖全北京的300家线下门店，进入了北京市场销售推广，使河北阜平县扶贫农产品销售取得了良好的经济效益。

另外，消费扶贫直通车在阜平县还开展了“助学1家

1”爱心活动，为阜平县大台乡炭灰铺村光明小学的20名贫困家庭孩子筹集在校生活费，以帮助他们顺利完成学业。绿山公社、国安社区还积极与阜平县电商中心对接，计划在消费扶贫的基础上再开展旅游扶贫，通过打造“红色旅游”产品等带动当地的旅游消费，增加阜平贫困家庭收入。

第三节　消费扶贫的带贫机制与成效

从目前的实践案例看，消费扶贫的带贫机制主要包括：一是销售贫困村建档立卡贫困户的农副产品，使建档立卡贫困户通过种植养殖的农副产品得到直接的经济收入；二是企业建立电商平台带动建档立卡贫困户创业，即电商企业对贫困人口进行电商技能培训，提供电子商务平台，助推贫困户自主创业营销产品，增加收入；三是为建档立卡贫困户在消费领域提供就业，比如电商产业中的包装、运输、印刷等岗位，通过就业获得工资收入；四是电商平台打造贫困地区特色产品，树立贫困地区农副产品品牌效应，扶持建档立卡贫困户营销，主推贫困户增加收入。

一、甘肃陇南电商带贫机制与成效

甘肃省是全国在阿里巴巴电子商务平台上经营农副产品卖家数量增幅最快的省份，2014年，全省农副产品电子商务交易额达到了780亿元，与2013年相比增长达

40%。随着全省扶贫工作的深入开展，电子商务扶贫得到进一步发展，目前甘肃贫困地区办有网店三万余家，从业超过十数万人，贫困人口通过电商消费获得的收入不断增加。

陇南市是甘肃省电商扶贫做得较好的单位，他们比较早地认识到当地生态、绿色、环保农副产品在城市消费中的价值，提出通过电商扶贫的理念，把农副产品与消费者空间上的千山万水，通过电商网络变成近在咫尺的货架，可看、可选、可购，货真价实质量高，通过城市人口的消费为当地贫困人口直接增加经济收入。

陇南市的做法：一是政府扶持电子商务发展，2013年以来，他们先后投入2 500多万元，建立完善了电子商务平台。二是政府主导培训人才，即对贫困人口中有能力从事电子商务的人进行免费电商技能培训，以开设网店销售农副产品增加收入。从陇南市成县的资料看，对有一定知识层次的贫困户，凡是通过培训能够从事电商帮扶的，就帮助他们开网店从事电子商务增加收入。三是扩大网店数量，引导和支持大学生村官、未就业大学生、农村返乡青年、农村致富带头人开办网店，以扩大农副产品的销售，增加扶贫收入。据统计，全市仅在岗大学生村官就开办网店755家。大学生村官张璇，负责陇南市成县鸡峰镇草滩村和长沟村的工作，她响应市政府号召，带头开办网店，通过营销村里的农副产品为贫困人口增加收入。她白天忙工作，晚上做网店，到贫困户家中收集农副产品，然后统一包装在网店出售。张璇说，“贫困户家里的土鸡蛋、野蜂蜜、山核桃数量并不少，但苦于没销路卖不上好价钱，如果土地不能给农民带来收益，他们就只能贫穷。”办网店之初，为了打开销路，扩大网店知名度和影响力，她甚至带上贫困户的土鸡和土鸡蛋的照片往城市的医院妇产科跑，往城市的酒店跑，往旅游景区的农家乐跑，去推销，打开销售局面，提高网店知名度。如今，张璇开办的鸡峰山珍品网店名声在外，再无需跑销路了，草滩村、长沟村的贫困户的农副产品也不用再靠着背篓卖小钱，而是轻点鼠标赚大钱，“一只土鸡在这里最多每斤[①]卖十块，但在网上卖出去，就可以赚到20块钱，翻了整整一倍。”长沟村这个过去的贫困村，现在光放养土鸡一项，人均年收入就超过了1万元。四是建立贫困村网店与贫困户收益联结机制，对没有文化不能从事电子商务的，通过贫困村网店与贫困户签订带贫承诺书，建档立卡结对帮扶，并规定以保护价优先收购、销售贫困户农产品。数据显示，自2013年以来，仅成县就通过电商扶贫，帮助全县3.8万贫困人口销售农产品1 120万元，直接带动贫困人口4 120人，人均年增收300多元。

二、湖南祁东电商带贫机制与成效

消费扶贫的基本依托是电商，要推动消费扶贫，就要大力发展贫困地区的电子商务。湖南省祁东县早在2014年便确定了电商扶贫的战略，以电商带动贫困村、贫困户的农副产品销售，促进农村经济发展，实现消费扶贫目的。

在贫困村发展电商，推进消费扶贫，最核心的就是

---

① 斤为非法定计量单位，1斤 = 0.5千克。全书同。

解决人才问题，为此，祁东县确立了引进领军人才、培训实用人才的人才发展思路。

在领军人才引进上，2015年年初，县商务局牵头组建了电子商务工作小组，奔走“北上广”一线大城市，实地考察和走访，最后选定引进了祁东籍人士——八零后榜样人物、北京纵横非凡科技集团创始人刘易战。同年6月，刘易战成立湖南齐联网络科技有限公司，并把项目命名为“农民伯伯”。通过近一年的运作，“农民伯伯”已经成为湖南最大的农村电商品牌，目前已经拥有近800家电商服务站，通过“农民伯伯”电商平台月消费交易额已突破200万元，由“农民伯伯”指导扶持的农产品品牌多达十余个，间接带动了祁东县上万贫困户增收。

在实用人才培训上，“农民伯伯”专门成立了县级运营中心，在运营中心内又专设了培训室，实行免费培训“农民伯伯”电商人才。这种培训非常接地气，一是培训常态化，分散集中短训与随时指导相结合，对各乡村电商站点的人员随时带训，解决实际工作中的问题，提升技术水平和工作能力。二是培训免费化，对贫困人口进行免费技能培训，是智力扶贫的重要形式，“农民伯伯”对全县各个乡村电商站点人员实行免费培训，截至2017年6月底免费接受“农民伯伯”电商培训的人数已超过2 000人。这些人在开展电商推动消费扶贫中发挥了重要作用。

一个好的消费扶贫模式，需要多个有效支点来拱卫。祁东县通过“线上电商+线下服务+物流+品牌”的模式，取得了巨大成功。

（一）打造品牌电商

2015年启动“农民伯伯”市场化扶贫运作。“农民伯伯”投资500万余元，研发了拥有自主知识产权的全国性电商平台，如“农民伯伯”商城、综合缴费系统、生活服务平台及多平台代购等系统。这个系统为百姓提供保险、金融、快递、综合缴费、电信业务、农村金融、代购代售、便民服务、生活服务等近30项服务，既方便了百姓日常生活，又增加了百姓收入，实现了通过电商消费扶贫的目的。

（二）设县级运营中心

“农民伯伯”在县设立了县级运营中心，运营中心内设培训室、接待室、办公运营区、各服务站品牌特产展示区等。设立运营中心的目的，一是实现培训常态化，方便镇村站点人员随时进行免费培训；二是为各镇村站点品牌产品提供对外展示的窗口；三是方便各站点内部的横向交流；四是通过运营中心搭建祁东县农产品与外界沟通的一个桥梁。

（三）建一村一站店

即在各村镇均设立一个实体电商服务站，并开通一个“农民伯伯”村级网店。这个站店，为百姓提供代购代售、收发快递、综合缴费、金融保险、生活服务等服务。2015年12月，县内的金桥镇楠木桥村电商服务站开张。开张当天，村民慕名而来，挤爆了整个服务站，鼓掌欢呼，感谢政府为农村百姓办了实事。资料显示，“农民伯伯”楠木桥村电商服务站店开通至今，已帮助本村通过“农民伯伯”商城卖出了近百万元的农副产品，带动百姓增收数十万元，同时带领周边上千人开展电商事业。目前类似楠木桥村这样的服务站店，祁东县已经拥有近180家，覆盖了全县80%的贫困村，年底将拓展到300家，实现全县贫困村的全覆盖。

（四）创一镇一品牌

“农民伯伯”在每个乡镇设立一个电商示范站，并扶持示范站成立自己的农村电商公司，打造自己的农副产品品牌，并通过示范站对本乡镇各村进行培训，以打造本乡镇农副产品品牌，提升农副产品价值和竞争力。为了推动这一工作，“农民伯伯”还成立了专门的品牌指导部门，并下到各乡镇示范站手把手地指导培训，教示范站管理人员如何注册公司、包装产品、设计品牌、定价、销售等等，“农民伯伯”总部还主动帮忙联系工商局、商标局，帮助服务站注册公司和商标。目前“农民伯伯”已经通过一对一免费服务，带动成立了10余个乡镇农副产品电子商务公司，也成功帮扶乡镇电子商务公司成立了小农仆、农福安康、农乐宝等系列品牌。

通过分布在各乡镇的示范站，利用贫困村站店的管理人员，寻找本地贫困户的优质农副产品，直接进行网络销售，带动贫困户脱贫。同时，它们还特别成立了“农民伯伯”品牌产品事业部，采取了牵引信用可靠企业运作的方法，按照“农民伯伯”品牌要求进行统一包装和生产农副产品，最终以“农民伯伯”品牌进入全国市场。2016年6月2日在第五届广州国际食品食材展上，“农民伯伯”品牌产品一亮相，就引起了消费者的认可。仅本次展会中，来自祁东县贫困乡马杜桥乡的“农民伯伯”牌有机黄花菜率先售空，并一举拿下了50多万元的订单，给贫困村民带来了较大的增收。

（五）求务实有效合作

推动电商消费扶贫，是个复杂的系统工程，必须讲求务实有效合作，否则就难以进行。祁东的“农民伯伯”项目，除了与中国人寿、中国农业银行、中国移动、中国联通、农村金融机构等达成了战略合作外，还与祁东快捷快递达成战略合作，它们的分工是：“农民伯伯”负责电商及服务站店的所有工作，快捷快递负责农村最后一公里的解决，实现了各村镇“农民伯伯”服务站店可收发快递，使得贫困户的农副产能及时“走出去”，村民所需的工业品能及时地“流进来”。在以往的消费扶贫中，我们更多关心的是让贫困户的农副产品卖出去，提高贫困人口的收入。当然，这是很重要的前提，但降低贫困户的消费成本也是增收的另一面，减少支出就相当于增加收入。祁东县的一村一站店，就成功地做好了这两方面的工作。村的站店服务人员，不仅帮助贫困户把农副产品卖出去，还负责让贫困户买进实惠的物品，实现了“开支缩小、收入增加”，得到了贫困群众的称赞和拥护。

（六）借树开花

这是指祁东的电商借了祁东县党建远教站点的力，具体说就是在祁东县现有党建远教站点上“+电商”。“农民伯伯”在开展农村电商时，跟祁东县委组织部党建站点进行了战略合作，利用祁东县现有的党建远教站点钳加“+电商”功能，这不仅让原本离百姓很远的党建远教站点系统得到了充分的发挥，同时由于党建远教站都设立在村部，由村干部负责，在植入“农民伯伯”电商后，为百姓开通了众多便民服务，包括金融保险、收发快递、综合缴费、生活服务、代购代售等等，为百姓极大地提供了方便，这让百姓得到了真正的实惠。而且在项目实施过程中，村“两委”干部和社会各界人士真心实意地对贫困户进行帮、教、带，为贫困农户和村民解决了生活问题、产品销售等困难，使他们的生活环境得到彻底改观，进一步缩小了社会贫富差距，化解了诸多农村社会矛盾，还增强了基层党组织的凝聚力、战斗力，党群干群关系更为融洽。

祁东县“农民伯伯”的电商消费扶贫，自2015年11月实施以来，直接参与“农民伯伯”电商工作的人群超过300人，接受“农民伯伯”电商培训的人数超过2 000人，通过“农民伯伯”商城卖出的农副产品已经累计达到7 000万元，目前每个月通过“农民伯伯”线上商城卖出的“祁东货”高达150万元，间接带动从事“农民伯伯”电商的人群超过3万余人，直接拉动了贫困户的增收，卖出的农副产品价格平均提升了50%。同时，还为贫困户和村民购买生活、生产物资，平均降低了20%的成本，80%以上的贫困户和村民建立了稳定增收的致富项目，家庭生活环境得到改善，逐步摆脱了贫困，走上了致富路。

第五章

注重生态保护，发展循环经济

生态保护与经济发展是世界性难题。2015年11月，《中共中央国务院关于打赢脱贫攻坚战的决定》明确要求，要“坚持扶贫开发与生态保护并重”，这无疑是一项具有重大战略意义的规定，它告诉我们扶贫开发必须要以生态保护为约束，绝对不能再走先发展后治理的老路子。2015年10月16日，习近平总书记在减贫与发展高层论坛上提出了“五个一批”的脱贫设想，其中的“一批”就是指“通过生态保护脱贫一批”。学习贯彻习总书记的重要指示，要求我们必须以发展循环经济的方法，打破扶贫开发与保护生态环境的矛盾。通过创新绿色高效循环经济，引导贫困群众转产转业，修复和保护贫困乡村原有生态风貌，走出一条生态保护与脱贫攻坚双赢之路。

第一节 修复贫困地区生态风貌

据统计，截至2016年年底，在全国12.8万个贫困村，4 335万贫困人口中，将近95%分布在生态环境脆弱、敏感和重点保护的地区。这些地区发挥着“生态保障”“资源储备”等功能。但经济落后，生产生活困难，多处于贫困线以下。

一、贫困地区生态脆弱状况

2008年，国家环境保护部划分八大生态脆弱区：东北林草交错生态脆弱区、北方农牧交错生态脆弱区、西北荒漠绿洲交接带生态脆弱区、南方红壤丘陵山地生态脆弱区、西南岩溶山地石漠化生态脆弱区、西南山地农牧交错生态脆弱区、青藏高原复合侵蚀生态脆弱区、沿海水陆交接带生态脆弱区。这八大生态脆弱区从行政区划看，涉及黑龙江、内蒙古、吉林、辽宁、河北、山西、陕西、宁夏、甘肃、青海、新疆、西藏、四川、云南、贵州、广西、重庆、湖北、湖南、江西、安徽21个省（自治区、直辖市），除辽宁外，其余的20个省（自治区、直辖市）都属于国家的重点贫困省份范围，契合度近95%。从生态脆弱区的生态脆弱性表现来看，人类生存的最基本因素都存在着严重问题。

（一）表土流失严重

我国广大贫困地区的生态脆弱问题从根本上来说多与地表土的流失或者变异有关。有数据显示，我国每年的表土流失面积，相当于国土总面积的18.6%，全国每天平均缺水量则达到2 000多万吨。表土流失情况在一定程度上反映了各省（自治区、直辖市）生态脆弱的程度。

（二）水资源短缺

我国是一个严重缺水的国家，人均水资源量仅为世界人均量的四分之一，被列为全球最缺水国家之一。我国农业自然灾害中，70%是水旱灾害，水旱灾害中，70%又是旱灾。全国有近一半的城镇人口和3.6亿农村人口喝不上符合标准的饮用水。生态脆弱区的水资源问题更为严重。有资料显示，自20世纪80年代以来的十年间，新疆博斯腾湖的水位下降了3.54米，水面减少了120平方千米；内蒙古额济纳旗全旗地下水位普遍下降，水质变坏，造成人畜饮水困难。

（三）林草植被破坏严重

森林是生态系统的重要支柱。我国的森林覆盖率在世界180多个国家和地区中，列第111位，人均拥有森林面积列第119位，人均木材蓄积量列第160位之后。然而，我国又是世界上第三大木材消费国，每年消费木材达3亿立方米，木材生产和需求严重不平衡。据农业部统计，目前我国可利用草原的90%以上退化，70%以上的草原严重退化，草原生态环境亟待改善。

（四）荒漠化、石漠化面积不断扩大

我国是世界上土地荒漠化、石漠化危害最严重的国家之一。所有的荒漠化土地又都在生态脆弱地区，而且它的面积之大和继续扩大的速度之快十分惊人。有资料显示，我国现有荒漠化土地面积262.2万平方千米，占国土面积的7.3%，相当于14个广东省的面积。而正在发展的荒漠化土地主要分布在河北坝上、内蒙古乌兰察布市后山与锡林郭勒盟大部地区。土地石漠化，截至1999年，西南地区的四川、重庆、云南、贵州、广西等省（自治区、直辖市），石漠化土地总面积为729.5万公顷，占其土地总面积的比率达到53%。

（五）生物多样性锐减

目前，我国受生态环境恶化威胁的高等植物物种达4 000 ~ 5 000种，占总种数的15%~20%，高于世界平均水平10%~15%。在“濒危野生动植物种国际贸易公约（CITES）”列出的640个世界性濒危物种中，中国有156种，约占其总数的25%。不少珍贵的动植物的数量和分布区明显减少，水域的某些珍贵水生物种和敏感物种逐步减少以至消失，若干栽培植物遗传资源也面临严重威胁。

总之，由于生态环境的破坏，导致土地的生产能力日益退化，使得这些贫困地区生产生活更加困难。首先是农业生产的气候条件在日益变坏，其次是自然灾害频繁发生，三是农业的生态链被损害，影响了农业、畜牧业的收成。

二、生态脆弱与致贫的交互关系

（一）贫困对生态脆弱的影响

由于贫困，人们会放大对生态环境的索取，这又势必给当地的生态环境带来一定程度的消耗。当这种消耗超过了当地生态系统自我恢复的阈值范围的时候，就会造成植被破坏、水土流失、资源浪费、土地荒漠化或石漠化。以甘肃省临夏回族自治州为例，虽然其在20世纪90年代实施了一系列生态保护措施，如退耕还林、退耕还草、生态移民等，但这些措施总的来讲缺乏生态保护和治理的综合性，没有从根本上解决生态脆弱地区农牧民的贫困问题。而贫困的农牧民为了生活和发展，又不断累加地向生态索取，这就进一步破坏了生态系统，导致生态系统失去自我恢复的能力，并向不可逆的方向发展。

（二）生态脆弱对贫困的制约

生态环境是人类赖以生存的自然条件，有调节、支持、生产、信息等服务功能，这些功能通过直接或间接的价值效应来为人类提供福利。随着我国三十多年来对生态环境的过度利用，使得我国的生态环境遭到不同程度的破坏，贫困地区更为严重，对贫困地区生产带来了巨大影响，还是以甘肃临夏为例，其生态环境恶劣，耕地少，山大沟深，土地贫瘠，干旱少雨，生态系统的稳定性和抗干扰能力差，生物包容量小，生产能力有限，承载能力低下，环境人口容量低。以上因素导致这里的生产方式单一，经营方式粗放，经济社会发展受到很大限制，从而导致农牧民生活水平和收入受到较大影响，形成典型的生态型贫困。从这个角度讲，生态环境脆弱已成为贫困地区农牧民贫困的重要因素。

（三）贫困与生态脆弱的因果关系

综合以上可以看出，贫困与生态环境脆弱互为因果关系，它们相互影响、互相作用。这种相互作用关系表现在两个方面，一方面是贫困直接导致了生态环境脆弱，另一方面是生态环境的脆弱又加剧了贫困的发展。概括起来讲，生态环境脆弱与贫困是直接的因果关系。因为贫困，就会掠夺生态，生态受损又加速贫困。所以，贫困地区攻坚脱贫，必须从注重保护生态环境抓起，加大生态环境保护力度，改变经济发展模式，达到良性循环。

三、推动生态保护脱贫工程

2016年4月28日，国务院办公厅印发了《关于健全生态保护补偿机制的意见》，指出“结合生态补偿推进精准扶贫，对于生存条件差、生态系统重要、需要保护修复的地区，结合生态环境保护与治理，探索生态脱贫新路子”。落实国务院指示精神，必须把保护生态、修复生态与脱贫攻坚结合起来，推动生态保护脱贫工程，确保2020年贫困地区在生态环境改善的基础上，贫困人口全部脱贫。

（一）引进高效循环经济

以前的生态脆弱贫困地区脱贫工作的深度、广度、力度和精准度基本上取决于外部“输血量”的多少，一旦“输血”停止，很容易造成返贫，究其原因是这类区域缺乏有效的“造血”功能。要改变这种状况，最为可行的措施就是引进高效绿色循环经济。要借力国家生态保护补偿机制，通过创新加大“造血型”生态保护力度，多渠道多举措发展“造血型”绿色循环经济项目，在发展经济的同时也在不断修复和保护贫困地区原有生态风貌。比如，安徽灵璧县引进三聚环保循环经济项目，通过秸秆回收造粒、施用三聚环保生物质有机炭肥，既有效地解决了秸秆焚烧带来的空气污染问题，又有效地缓解了土壤污染，改善了地力，保护了当地生态环境，还使贫困农民增产增收，大大改变了贫困状态。再如贵州上医堂健康管理有限公司的精准种植中草药项目，该公司认为，贵州是适宜种植中草药的理想地区，中草药种植亦是贵州贫困地区扶贫的理想出路和途径，但要确保中草药的品性，就必须首先要确保种植区域自然生态环境不被破坏。由此，他们根据多年经验提出了野外精准种植、精准挖采、精准补植的一套办法，经过对药农进行中草药种植、挖采等各方面专业的培训、教育，保证药农对野生草木生态心存敬畏，对野生草药材进行标准化、数据化、个性化的保护，不无序地为了市场经济而挖采，坚持做到“采一棵，补十棵”，从而不但保护了自然生态，而且培育了高品位的中药材，增加了贫困农民的经济收入，形成了可持续的循环经济模式。

（二）推进向绿色转产转业

落实国家生态保护补偿机制，核心是引导贫困地区经济有序转产转业，这是确保贫困地区真正脱贫的根本所在。2016年初，安徽省政府办公厅印发《关于生态保护脱贫工程的实施意见》（以下简称意见），提出加大贫困地区生态保护修复力度，优先支持贫困地区实施退耕还林、天然林保护等重大生态工程，通过实施生态补偿、增加转移支付等方式，不断改善区域生态环境质量，保护当地原有风貌，促进贫困群众多渠道增收脱贫。《意见》提出，到 2020年，全省贫困地区实施营造林 230 万亩，森林覆盖率达到 35%以上。巩固贫困村环境连片整治和环境“问题村”整治成果，恢复和保护贫困村原有风貌，加强环境基础设施管理，建立长效运行维护机制。《意见》还明确，加强水质较好湖泊生态环境保护，对饮用水源湖泊、水库全面实施生态环境保护项目，加强城镇集中式饮用水水源地保护，逐步划定贫困村集中式饮用水水源保护区。探索实施生态移民，有序转移自然保护区范围内的贫困人口，实现核心区无人居住，缓冲区、实验区人口大幅度减少。继续推进新安江流域生态补偿试点，巩固和完善大别山区水环境生态补偿机制。健全公益林补偿标准动态调整机制，鼓励有条件的县（市、区）建立本地公益林补偿制度。利用生态补偿和生态保护工程资金，使有劳动能力的部分贫困人口转为护林员等生态保护人员。到2020年，全省省级森林村庄达到1 200个，使贫困村有劳动能力的贫困人口转化为绿色产业链上的工作人员，带动贫困群众通过转产转业增加收入脱贫。再看青海省的数据，青海省仅2014年就安排15万农民转业为护林员，实施保护生态工程，同时提高了贫困农牧户的收入。

（三）实现标准化组织运行

国家《关于健全生态保护补偿机制的意见》明确提出，“加大贫困地区新一轮退耕还林还草力度，合理调整基本农田保有量，开展贫困地区综合补偿试点”，“对贫困地区开发水电、矿产资源占用集体土地的，试行给原住民集体股权进行补偿”。根据上述国家补偿机制意见精神，结合当前国家正在积极推进产业扶贫标准化体系建设要求，应加强通过标准制定引导贫困地区保护生态产业扶贫工作的有序发展。依据生态系统服务价值、生态保护成本、发展机会成本等，在保证基本农田保有量的前提下，通过合理有效的调整，突出贫困地区生态特色，有组织的推进修复建设，确保生态保护和扶贫工作有机融合。

第二节　促进贫困村循环经济发展

循环经济，是对物质闭环流动型经济的简称，是由“资源—产品—再生资源”所构成的、物质反复循环流动的经济发展模式。循环经济与传统经济不同，传统经济是由“资源—产品—污染排放”所构成的物质单向流动的线性经济，其特征是高开采、低利用、高排放，循环经济则是在资源投入、企业生产、产品消费及其废弃的全过程中，把传统的依赖资源消耗的线性增长的经济，转变为依靠生态型资源循环来发展的经济，是实现经济、社会和环境可持续发展、可协调发展的经济运行模式。习近平总书记讲到关于贫困地区经济发展时，一直强调“绿水青山就是金山银山”。这就明确告诉我们，贫困地区的发展不能以破坏生态环境为代价，必须坚持循环经济发展的路子，让贫困乡村经济发展成为中国经济发展的后发力量。因此，做好贫困地区生态保护扶贫工作，就应加大力度促进贫困村循环经济的发展。

一、循环经济的内涵

循环经济，实际上是一个由多层面的循环经济形态构成的整体。例如从构建循环型社会体系的角度来讲，循环经济包括企业“小循环”、园区“中循环”、社会“大循环”等，而且这个循环有层层递进发展的规律。结合贫困地区生态保护扶贫的实际，本书对贫困村循环经济的界定为企业“小循环”。基本的内涵就是：以资源的高效利用和循环利用为核心，以“减量化、再利用、资源化”为原则，以低消耗、低排放、高效率为基本特征，大力推进贫困村循环经济发展设计，加快实施贫困村清洁生产技术改造，努力建设绿色工厂、绿色企业，循环利用资源，优化农村生态环境，构建农村和谐社会，实现生态友好、经济增长。

二、贫困村发展循环经济的意义

贫困村发展循环经济，从现实和长远意义上分析，有如下三个“有利于”：

（一）有利于最大限度减耗资源

我们知道，传统农业生产，是一种从资源到产品再到废物排放的单一化、专一化的线性生产经营模式，这种生产经营模式的特征，是资源的高消耗、废弃物的高排放和物质能量的低利用。所以，传统的生产经营模式和经济增长方式所造成的结果，就是人口、资源和环境方面的压力越来越大。从三十多年的经济发展看，这一问题症结是十分明显的。因此，贫困村贫困人口脱贫攻坚，就必须转变这种农村生产经营和经济增长方式，取而代之以发展循环经济。在贫困乡村发展循环经济，把农业经营、农村经济增长和谐地纳入到自然生态循环过程中，将清洁生产与再生利用生产合为一体，从而对农业资源不断循环利用，实现农业废弃物的资源化，最大限度地提高资源利用效益，减少资源消耗。

（二）有利于最大效度修复生态

上面说到，发展循环经济有利于减耗资源，而减耗资源实际上就起到了修复生态的作用。我国几十年的农村经济发展，从一定程度上说，基本上走的是一条粗放式的农村经济发展道路。农村的生产、生活大多数采用的是高消耗、高排放、高污染的方式，甚至是竭泽而渔的生产经营模式，造成了环境污染严重、水土流失加剧、生态资源匮乏。仅就农村的污染来讲，就包括了由农业生产造成的以面源污染为主的农兽药污染、化肥污染、农膜污染和规模化养殖污染，由小城镇基础设施建设后产生的生活污染，由乡镇企业布局不当、治理不力而带来的工业污染等，这些污染都对农村生态环境造成了极大的威胁，不少地方还带来了极为严重的后果。要解决这些问题，有效的途径还是要靠发展贫困乡村的循环经济。发展循环经济，除了减耗资源起到修复生态的作用外，还有效利用了农业废弃物，提高了资源循环利用率，从而减少了污染的排放，推进了农业生态环境的综合改善，最大效度地修复了贫困乡村生态环境。

（三）有利于最大效率提高效益

我们说，发展循环经济，是新形势下提高贫困地区经济竞争力、推动贫困地区农业产业化发展、实现贫困农村经济增长、完成脱贫攻坚任务的重要途径和重要手段。一方面通过发展贫困乡村循环经济，可以实现资源的合理配置和有效利用，减少消耗，这就在一定程度上能够降低企业发展的成本，提高地区经济的综合竞争能力。同时，还可以引导农业生产企业充分开发利用可再生资源，发展新能源、新技术，积极开发环境友好型技术和环境标志产品，扩大国内乃至国际市场份额，为农业生产企业建立和运行生态环境管理体系，获得打开市场的“绿色通行证”，形成新的经济增长点。另一方面发展循环经济能促进贫困地区农民的有效增收。贫困人口增收是解决“三农”问题的重要内容之一。提高农村贫困人口收入，改善农民的生活，各级政府都花了大力气，虽然已经取得了巨大的成效，但增产不增收的现象依旧存在，劳动量的投入支出与收益，有不少是不成正比的。在贫困乡村中发展循环经济，对农产品进行深加工，对贫困乡村中的大量“废弃”物进行再利用。以贫困乡村水稻种植为例，从水稻—

养鸡—鸡肉加工、出售—鸡毛加工—加工下脚料用于养鱼—鸡的排泄物加工为有机肥料，再返回水稻种植业。再如甘蔗、玉米等农作物的种植，也可以按照这种思路来发展。只要认真进行循环经济的运作，贫困乡村农民就能在多个生产环节中获得收益，并且还能再促进农业产业化的发展，为贫困乡村的建设提供大量的就业机会，为就地就近消化农村剩余劳动力创造更多条件，提高贫困人口的增收效率。

三、贫困村循环经济发展策略

贫困乡村发展循环经济，有效实现脱贫攻坚，从思想指导到实际操作，必须讲求切实可行的策略。

（一）切实形成发展循环经济共识

做好任何事情，都必须首先有正确的认识，发展循环经济亦是如此。发展循环经济，涉及诸多的新技术手段和创新性的模式，这些固然要着力解决，但这比起观念意识来，还稍显其次。我们说，如果对发展循环经济没有一个正确而积极的认识，再好的技术和手段都会被视而不见、弃之不用，即使勉强上马，也会弄不好。当前，我们必须清楚地看到，我国的传统农业产业模式已是山穷水尽，而解决的办法就是发展循环经济。要充分认识到，发展循环经济是缓解贫困农村资源约束矛盾的根本出路，是从根本上减轻农村环境污染的有效途径，是提高贫困农村经济、社会和环境效益的最可行的手段，是一项功在当代、利在千秋的战略性替代途径，也是涉及全社会各行各业、千家万户的福祉事业。为此，要充分利用各种媒体开展舆论宣传和科普教育，大力宣传和普及贫困地区循环经济和节约型社会知识，提倡绿色消费观念，开展生态公益活动，把节肥、节药、节水和垃圾分类回收再利用等行为变成广大贫困户的自觉行动，逐步使广大贫困人口建立循环型农业和节约型社会的思想观念，自觉改变传统而落后的生产和生活方式，走发展循环经济之路，把贫困乡村建设成天蓝、地沃、水清、人和谐的新型美好社区。

对于农业产业扶贫的各类企业来说，除了提高思想认识以外，还要自觉把循环经济的发展理念融入到企业生产中去，创建资源节约型企业，最大限度地节约资源，最大限度地提高再生资源的利用率，走农业产业可持续发展之路。

（二）强化政府部门的行政作用

发展循环经济，政府部门起着主导作用。贫困地区的各级政府部门要有危机感和责任意识，要把发展贫困乡村的农业循环经济做为促进贫困村农业增效、贫困人口增收脱贫的重要举措来抓，切实加强领导和引导作用。各政府有关部门要密切配合、积极推动，逐步建立起促进农业循环经济发展的目标管理责任制，保证各项工作落到实处。同时要积极研究制定投资、税收和价格等方面的优惠政策，积极吸引社会、企业和农民投资农业循环经济。政府应结合本地的自然资源禀赋和经济结构的特点，因地制宜，积极引导地方经济结构的战略性调整，组织编制发展农业循环经济规划，加强宏观引导。

政府要组织协调企业协会和社会团体等，通力合作，在贫困乡镇开展实施农业循环生产技术培训，培养适合农业循环经济发展所需的贫困地区技术人才。从目前看，很多贫困乡村中的农业技术人员严重不足，特别是农业科技知识水平不高，对农业循环经济的技术推广造成严重的制约。因此，必须加大农业循环经济方面科技人才的培养力度，制定农业循环经济人才培养规划，多方举措，力争在短时间内培养出大批有一定实操能力的农业循环经济技术人才。同时，政府部门、扶贫龙头企业应合力健全循环经济科技推广体系，通过各种渠道和方式，加快农业清洁生产、循环生产技术的推广。此外，政府还要加大科技创新，探索适应本地区的多种具体的农业循环经济模式，特别是融合新型工业化和现代农业化、市场化的循环农业产业发展模式。要加强应用生物技术、工程技术等高新技术手段，对各类农产品如土特产品、林产品、水产品及其各自副产品、有机废弃物的利用进行研究，摸索农副产品深加工和资源反复利用的模式与技术。同时，对现已开发上马的优良农业循环经济模式要及时梳理总结，进一步加以推广应用，力求发挥最大效益。

（三）构建好循环经济发展模式

发展循环经济，一定要结合贫困村实际，因情而宜，因情而异，不要跟风，不要盲目效仿。目前看到的可借鉴的模式很多，举例如下，供参考：一是建立立体种植、养殖模式，以大田作物为主进行三元结构的轮作复种，间套种，并与养殖业结合，达到土地资源的最大利用率；二是建立“种、养、加”一体化与废弃物资源化利用模式，以种养结合为基础，“种、养、加”一体化开发为重点，废弃物资源利用为纽带，实现系统内物质循环利用，全程防护，减少污染，提高效益；三是建立有机农业开发模式，积极发展无公害、绿色、有机农产品的生产，建立生产基地，有效减少化肥、农药等化学农用物质的使用量和使用强度，降低土壤重金属、水体营养化等污染程度，改善种植生态环境，提高农产品安全质量；四是建立林业生态工程、畜牧业和水产业的循环经济模式，确保乡村的青山绿水永存；五是大力发展农副产品加工，建立加工废弃物就地利用模式，对易于腐烂或附加值较低的农产品固体废弃物、液体废弃物，采取就地利用的循环模式，确保尽可能少的废弃物排放；六是“猪—沼—果”发展循环经济模式，这一模式是江西省农民创造的，曾被农业部确定为“南方生态模式”向全国推广。这一模式是较为适合广大贫困农村的，所以，要结合新的社会情况，结合贫困地区农村的实际，在具体运用中加以不断创新和完善，以提升综合经济效益。从目前实践的情况来看，还应当把“猪—沼—果”模式与发展生态农业有机结合，充分利用沼气池上传下带的纽带作用，形成以沼促农、以农促沼的良性循环，把“猪—沼—果”模式和建设生态庭院有机结合。沼气池建设推动庭院经济的发展，使遍布山乡的小庭院变成一个个有特色的小种植园、小养猪场、小加工厂等，实现“小庭院、大效益”。同时又把“猪—沼—果”模式与发展生态旅游有机结合，增强发展新优势，使生态旅游业成为贫困农村新的经济增长点。总之，要结合实际做足“猪—沼—果”模式文章，通过“山顶种林、山腰种果、山下养猪、水面养鱼、沼气煮饭、沼液施肥”实现节肥减药、变废为粮、变废为钱，把广阔的贫困农村建成节约型生态农村、绿色田野、幸福家园。

（四）建立循环经济发展的激励机制

要重视生态农业关键技术的开发、示范和推广工作，加大对农民建设沼气池、购置秸秆还田机械、测土配方施肥的财政补贴力度，引导金融机构对发展生态农业的贫困户和产业扶贫企业给予贷款支持。按照“谁投资，谁收益”的原则，调动各类人员从事生态农业科技投入的积极性，特别是要发挥生态农业科技示范基地、产业扶贫企业和农民专业合作组织在科技推广中的示范和技术扩散作用。建立和完善无公害农产品和绿色农产品标准制定，鼓励全社会消费者购买生态农业方式生产的农产品。逐步实施严格的“污染者付费”政策，对于使用了其他企业废弃物的企业，要由原来的向使用者索收费用，转变为由废物产生者对使用者进行资金补助，使综合利用企业有利可图。税收政策应向发展循环经济的企业倾斜，要对资源再利用企业的税收优惠政策真正落到实处。

第三节　发展循环经济的带贫机制与成效

从目前掌握的情况看，北京三聚绿能科技有限公司在贫困地区发展农业循环经济，走在了全国的前列。它们秉承“源自农业，反哺农田，惠及农民”的理念，全力打造生态农业，创造了以秸秆生物质综合循环利用为主导的绿色农业循环发展新模式，形成了较好的带贫机制，有力带动了贫困农民的增产增收。为拓宽视野，再简要介绍如下两个案例。

一、安徽省阜南县的循环经济扶贫模式

安徽省阜南县，地处淮北平原，人口多、资源少，是国家级贫困县，是曾经出了名的“水窝子”“穷窝子”，一直顶着国家级贫困县的帽子。实施脱贫攻坚，该县运用循环经济理念引领县域农业产业发展，实践多功能大循环农业，不局限于废弃物利用，而是多管齐下，注重提高资源产出率，通过发展安全优质蔬菜产业、健康养殖业、农村文化艺术产业、林下经济、林业生态旅游等，探索出一条全面协调可持续发展的扶贫新路。阜南县县长李云川说，循环经济是脱贫攻坚的船和桥，下一步要架好桥、驶好船，整合标准和模式，在每个乡镇建立代加工脱贫车间，让循环经济遍地开花。

（一）多功能大循环农业

阜南县的多功能大循环农业模式，总的指导原则是“四个更”，即在脱贫攻坚中追求更大经济效益、更少资源消耗、更低环境污染和更多劳动力就业。它们认为，循环经济就是保护环境的经济。保护生态环境，是发展循环经济的出发点和落脚点。因此，不能把循环经济局限在对废弃物的综合利用、循环利用上，而应在发展农村经济的过程中，更加积极、更加主动地保护环境、保护资源、保护

生态，把生态环境当作重要的扶贫资本，善于做好“经营生态环境”的文章，以实现绿色发展、永续发展。基于这样的扶贫理念，它们提出了“多功能大循环农业”模式，在全县提倡和推动了种植业、养殖业、微生物产业、加工业、营销业、旅游业的全联动循环发展。通过这一全联动循环发展，力求达成“五大循环”：一是经济社会统筹发展的大循环，二是脱贫攻坚与循环经济的大循环，三是一、二、三产业融合发展的大循环，四是产业结构、增长方式、消费模式相互渗透的大循环，五是物质、精神、行动互促互进的大循环。从而有效降低生产成本，变废为宝，化害为利，优化生态环境，推动脱贫攻坚，提升贫困地区农业的整体效益和竞争力，做到百姓富、生态美、企业壮、农业强，实现经济效益、社会效益、生态环境效益的共赢与提升。

（二）带贫机制与成效

举两个小事例以窥该县多功能大循环农业扶贫。

1.胜天新能源公司的生物质颗粒燃料

胜天新能源公司地处洪河分洪道的地城镇，临近傍晚，胜天公司标准化厂房里正轰隆作响。50多岁的贫困农民老孟正端着编织袋，对准漏斗状的大型机器出口处，不到2分钟，便接满了一大袋生物质颗粒燃料。往袋中细看，灰褐色的燃料一根一根堆积在一起，每根如铅笔般粗、火柴般长。这种燃料是用秸秆、花生壳、稻壳等农林废弃物制成的，完全是变废为宝。这种生物质颗粒燃料，每吨的价格是900元，主要供应于企业，用于锅炉燃烧。

公司的负责人叫孟凡辉，他2013年毕业于上海的一所大学。在他看来，这些壳、秆是可再生资源，取之复有，是生财之宝，过去这些东西大都被白白扔掉了，有的还被焚烧，污染了环境。将这些壳、秆用做燃料，既节约了资源，又增加了收入，还清洁了环境，是一举多得的产业。他的公司采取的是“公司+合作社+农户”的扶贫模式，现在已上了3条生产流水线作业。孟凡辉说：“我们下一步还要做两件事，一是生产秸秆打捆设备，二是拓宽产品线，增加生产有机肥等，要将废弃物吃干榨尽，要让贫困农民真正得到实惠！”不仅如此，公司还通过季节性用工扶贫，两年多来，带动了400多名贫困人口季节性间接就业，从事秸秆、稻壳等收储、加工、运输、销售秸秆加工产品等，增加了收入。夏收、秋收两季，我们会看到公司的秸秆打捆机、搂草机、运输机械穿梭于田间地头，将秸秆从田间运往厂房，厂房里机器隆隆，随之废物变为清洁能源，在循环经济的链条上完成再生。

2. 安徽华宇工艺品公司的编织

阜南县有“中国柳编之乡”的美称，编织可算得上是阜南县的一张闪亮名片。此地的杞柳种植可上溯千年，编织历史亦有500多年。民间编织的柳箱、柳筐等，技术精巧，结实耐用，技艺代代相传。王文忠凭着一双巧手和精湛技艺，被文化部命名为国家级非物质文化遗产——黄岗柳编代表性传承人。在阜南县工业园，走进王文忠创立的安徽华宇工艺品公司，产品展览厅共有3层楼，徜徉其中，如同参观编织品博物馆，从篮子、框子、瓶子到沙发、摇椅、屏风，琳琅满目。企业负责人介绍说，我们的产品有20大系列、2万多品种，远销海外。这些光鲜的工艺品，原料却是竹枝杈、野茶枝、玉米秸秆等农林废弃物，由农民在家编织而成。熟练的技术工按日可获得80元以上的收入，一个月算下来收入2 000多元。在当地，柳编已形成劳动密集型、高附加值产业。仅华宇一家企业，采取“公司+基地+农户+经纪人”的经营模式，就带动了7 000多名农民从事柳编生产加工。

发展多功能大循环农业，实际上解决的是当地资源的具体运用，包括自然资源、社会资源、文化资源等，要在大循环的宏观思路下做文章。

二、湖南省达浒镇的循环经济扶贫模式

湖南省达浒镇的循环经济扶贫模式，代表企业是碧野生态农业科技有限公司（以下简称碧野科技）。该公司以企业先进的生态农业技术，结合当地农业发展情况和综合因素，提出并推行了“粪—肥—草—饲”的多元循环梯级利用综合配套的循环经济新模式。

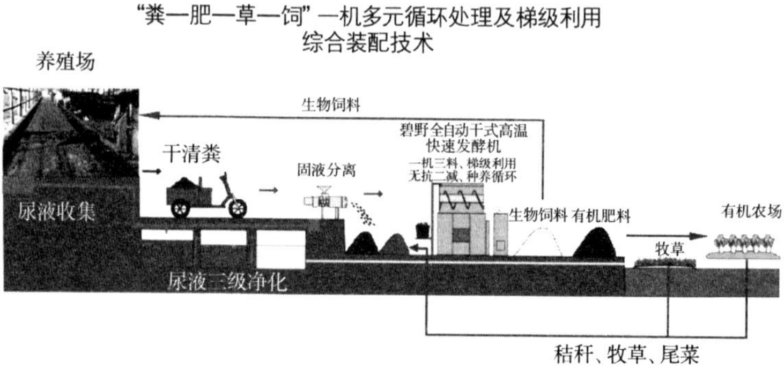

一机多元循环处理工艺流程图

该模式的优势是依托碧野科技的“农业废弃物高温无害化快速干式兼氧微生物发酵技术与设备”为核心的新技术，实现了一台设备“以粪制肥—以肥种草—以草变饲—以饲养畜”的生态循环闭环。

碧野科技2014年在达浒镇总投资逾500万元，建立了丰东农场生态农业循环基地。基地位于丰田村，占地面积150亩，截至2017年6月底已经从当地农户流转过来土地1 400余亩，并结合当地的种植养殖特性，形成了一家集母牛繁殖、肉牛育肥、浏阳黑山羊养殖、蜜蜂养殖和有机水稻、玉米、油菜等农作物种植于一体的典型种养相结合的生态农场。农场与当地贫困农户合作，共同经营，目前农场年产有机大米10万千克、年出栏肉牛120多头、蜂蜜1 500余千克，年产值500万元，有效地带动了周边贫困农户的产业脱贫。

农场成立之前，畜禽粪便、秸秆、变质的青储饲料等废弃物的处理及资源化利用一直困扰着当地农户，碧野科技就这一问题建成了“粪—肥—草—饲”一机多元循环处理的生态农业模式。农场内存栏母牛76头，采用干清粪方法收集粪便，每天出粪量1 200千克左右，每三天生产一批有机肥料，肥料一部分自用，种植有机水稻210亩，部分被周边果农和湖南省农科院订购，固粪完全利用，源头100%减量。尿液采用三级发酵池收集处理，每天出尿量为300千克左右，处理后直接用于养殖场下方21亩篁竹草的灌溉，篁竹草用于本场制成生物饲料喂牛，尿液完全消化减量，下方无废液排出。自行种植有机水稻210亩，消化有机肥料约105吨，产出的稻草全部回收，大部分制成生物饲料用于农场内喂牛，少部分与牛粪配方制成废料，秸秆全部消化得到了资源化利用。

牛粪加秸秆生产出的有机肥

碧野科技的丰东农场投产后，有效地将当地建档立卡贫困户吸纳到生产中来，切实从三方面增加了贫困户的收益。生物饲料养殖销售经济效益年增加利润28.1万元，项目产出有机肥料种植的水稻增加利润27.8万元，产出的有机废料销售增加经济收入5.6万元，三方面合计年利润增加量61.5万元。

参考文献

中国农村扶贫开发纲要（2011—2020年），2011.

孔祥智，2016.农业供给侧结构性改革的基本内涵和政策建议[J].改革（2）：104-115.

汪三贵，殷浩栋，王瑜，2017.中国扶贫开发实践、挑战与政策展望[M].北京：中国人民大学.

汪三贵.2016.以精准扶贫实现精准脱贫.中国国情国力（4）：1.

桂文龙，苏治国，胡新岗，2017.我国农业产业结构现状及存在的主要问题研究[J].青海农林科技（1）.

张云华，2015.读懂中国农业[M].上海：上海远东出版社.

付占娟，2017.乡村旅游扶贫研究评述[J].农业研究与应用（1）.

夏云山，2016.文化创意撬动乡村旅游扶贫研究[M].郑州：河南大学.

钟林生，马向远，曾瑜皙，2016.中国生态旅游研究进展与展望[M].北京：中国科学院地理科学与资源研究所.

杨宏伟，2017.旅游精准扶贫的特征及运行机理[J].改革与战略（8）：95-97.

席大伟，2017.京东下乡经营学[M].北京：中国经济出版社.

文丹枫，徐小波，2016.再战农村电商[M].北京：人民邮电出版社.

陈晓琴，王钊，2017.“互联网+”背景下农村电商扶贫实施路径探讨[J].理论导刊（5）：94-96.

石明，2017.电商扶贫“陇南模式”的现状、问题及对策研究[J].生产力研究（6）：88-91.

季昆森，2017.发展循环经济，开创扶贫攻坚新路[J].农村工作通讯（1）：25-26.

孙启宏，白卫南，乔琦，2014.我国循环经济规划现状与展望[J].环境工程技术学报4（1）：1-7.

后　记

《扶贫攻坚　实战手册》是结合了笔者在中国扶贫志愿服务促进会这一年多的实际工作和个人感悟所写成的一本书。

中国扶贫志愿服务促进会在国务院扶贫办的领导下，结合我国贫困地区现状和各个行业的发展情况，将各个行业的龙头企业组织到一起，陆续推动成立了农业产业扶贫联盟、旅游产业扶贫联盟、光伏扶贫工作组、消费扶贫工作组、构树扶贫工作组等数个产业扶贫组织。这些产业扶贫组织中的成员在国家扶贫大政方针的指导下，组团进入贫困地区，各自发挥优势共同助力贫困县脱贫，涌现出了众多产业扶贫典型案例，这是本书素材的来源。书中的扶贫方法和带贫机制等实战打法，多是从诸多企业家真干、实干、苦干中总结出来的。在此，对这些企业家的扶贫热情和辛劳付出表示最真诚的敬意，对他们为写作本书提供的帮助表示衷心的感谢。

本书写作实施过程中得到了刘振起教授、

田丽敏、刘德宇、法得艳等同志的大力支持和帮助，笔者对他们付出的心血和努力表示真挚的谢意。

打赢脱贫攻坚战，全面建成小康社会，是全国和全社会的巨繁工程，只要能够真正带动贫困户脱贫的打法都是好打法，本书的实战打法只是站在一定角度做了粗浅研究和整理总结，难免有疏漏和差错，敬请读者批评指正。

王家华

2017年8月于北京

图书在版编目（CIP）数据

扶贫攻坚实战手册 / 王家华著. —北京：中国农业出版社，2018.3（2019.2重印）

ISBN 978-7-109-23980-7

Ⅰ.①扶…　Ⅱ.①王…　Ⅲ.①扶贫－中国－手册
Ⅳ.①F126-62

中国版本图书馆CIP数据核字（2018）第048910号

中国农业出版社出版
（北京市朝阳区麦子店街18号楼）
（邮政编码 100125）
责任编辑　刁乾超　张凌云

北京通州皇家印刷厂印刷　　新华书店北京发行所发行
2018年3月第1版　　2019年2月北京第9次印刷

开本：850mm × 1168mm　1/32　　印张：5.75
字数：120千字
定价：20.00元